孙子兵法导读

SUNZI BINGFA DAODU

刘福英　赵海军　主编

GUANGXI NORMAL UNIVERSITY PRESS
广西师范大学出版社
·桂林·

图书在版编目（CIP）数据

孙子兵法导读 / 刘福英，赵海军主编. --桂林 ：广西师范大学出版社，2021.9（2023.2 重印）
ISBN 978-7-5598-4211-4

Ⅰ. ①孙… Ⅱ. ①刘… ②赵… Ⅲ. ①兵法－中国－春秋时代－青少年读物 Ⅳ. ①E892.25-49

中国版本图书馆 CIP 数据核字（2021）第 172592 号

广西师范大学出版社发行
（广西桂林市五里店路 9 号 邮政编码：541004
网址：http://www.bbtpress.com）
出版人：黄轩庄
全国新华书店经销
三河市三佳印刷装订有限公司印刷
（河北省三河市杨庄镇杨庄村 邮政编码：065200）
开本：787 mm ×1 092 mm 1/16
印张：13.5 字数：160 千
2021 年 9 月第 1 版 2023 年 2 月第 2 次印刷
定价：39.80 元

编辑委员会

序

《孙子兵法导读》是滨州市孙子文化普及活动的阅读教材。该书按照《孙子兵法》十三篇逐篇进行解读，每篇由六个部分组成，即导读、原典、要义、思考、延伸阅读以及原文译文。这六个部分基本上囊括了《孙子兵法》的主体内容和相关知识。作者为了充分论证孙子的思想价值，旁征博引，文笔轻快，论述准确，语言生动，不失为一本别开生面的佳作。

《孙子兵法》是一本奇书，奇就奇在它具有一种异乎寻常的普遍意义。一本兵书，除了它本身固有的军事价值，还对政治、外交、经济、医学、教育、体育等各个方面都具有借鉴和启示意义，这是十分罕见的。

原因何在？这是学习和研究《孙子兵法》的人们常常思考的一个问题。对这个问题笔者也在思考，但迄今没有获得准确的答案。不过，在不断学习和研究的过程中，笔者也有了一点粗浅的认识，在这里提出来与同志们一起讨论一下。

《孙子兵法》的军事思想是由概念范畴体系构成的宏大范式。这一范式既使它成为中国兵学之源，又使它极易为其他领域提供联想和借鉴。还要看到，由于中国古代汉语一词多义的特点，更使得《孙子兵法》中的很多概念具有了既外延广大又内涵深邃的特征。

例如，“兵”这个字在《孙子兵法》中就是一个词（单音词）。“兵”是会意字，双手持斧为兵，本义就是兵器。但是，“兵”的引申义就相当多了，在不同的语境表示不同的含义。手持兵器的人引申为士兵、军队，如“夫霸王之兵”（《九地篇》）；敌我军队的交战引申为战争，如“兵者，国之大事”（《计篇》）。如此辗转引申，“用兵之法”的“兵”指的是作战指挥，“上兵伐谋”（《谋攻篇》）的“兵”指的是战略追求，“越人之兵虽多”（《虚实篇》）的“兵”指的是军事力量，“饵兵勿食”（《军争篇》）的“兵”指的是士兵，“兵以诈立”（《军争篇》）的“兵”指的是用兵的法则，“运兵计谋”（《九地篇》）的“兵”指的是兵力兵卒，“兵之情主速”（《九地篇》）的“兵”指的是作战规律等。在《孙子兵法》中，“兵”字共出现71次。“兵”字如此，其余的实词也同样是一词多义。

下面我们分析一下外延与内涵的问题。比如“虚实”这个词，它的外延泛指这一概念所指的一切事物。一般而言，无者为虚，有者为实；空者为虚，坚者为实。由此类推，怯虚勇实、弱虚强实、乱虚治实、饥虚饱实、劳虚逸实、寡虚众实、不虞虚有备实等不一而足。“虚实”的外延如此广泛，其余如“全破”“攻守”“奇正”“形势”“阴阳”等的外延也同样相当广泛。

外延大，内涵本来应该就小，因为内涵是反映某种概念本质属性的。比如前面所举的“兵”这一概念，它的本质属性是武器装备。那么，它的内涵只应涵盖刀枪剑戟乃至飞机大炮等一切武器装备。可是，由于古汉语一词多义的特性，更加之《孙子兵法》形而上的思维特征，于是其概念范畴的内涵也同样相当深邃。《孙子兵法》的命题不仅应用于军事，对非军事领域也同样有借鉴作用。于是，《孙子兵法》不仅可以进校园，也可以进工厂，进商场，进医院，进一切具有竞争性质的领域。

毋庸讳言，《孙子兵法》的这种借鉴，不是拿来就可以应用的，必须经过综合分析，不能采取对号入座、简单类比的方法。道理很简单，《孙子兵法》是对敌斗争的书，而移用于人民内部必须分清其性质。比如“兵者诡道”就不能照搬照套。

难能可贵的是《孙子兵法导读》的编著者们，在本书中很好地廓清了兵法同非兵法二者之间的关系。例如书中关于“师道”与“将道”的关系，既正确地阐明了学高为师、身正为范的师道，又十分贴切地引述了《孙子兵法》中智勇双全、静幽正治的将道，阐述准确，条理清晰，很有特色，这是值得称道和赞许的。

最后，衷心祝愿山东省滨州市孙子文化普及活动取得丰硕的成果，让“智者智城”成为滨州市最亮丽的城市名片。

是为序。

吴如嵩

前言

孙子是我国古代伟大的思想家、军事家，是举世公认、蜚声中外的“兵学鼻祖”。其所著《孙子兵法》以博大精深的思想内涵，被历代兵家奉为圭臬，是我国浩如烟海的经典中超越中华文化圈、对世界产生广泛影响的不朽之作，也是中华优秀传统文化中的元典。

滨州是孙子故里，孙子文化是滨州拥有的独特的世界性文化资源。传承孙子文化，打造“孙子故里”“智者智城”品牌，是滨州人民树立文化自信的重要基础。2019年，中共滨州市委书记佘春明同志在“六问八策”中提出“打造孙子故里文化品牌，提升城市形象，增加发展软实力。让品牌的力量与我们共同成长，为建设‘富强滨州’注入强大文化力量”。2021年4月，“智者智城·志在滨州”滨州城市品牌发布会在滨州渤海先进技术研究院举办，“智者智城、志在滨州”成为新时代滨州的强音。智者智城，智从何来？智是滨州文化、产业、科创、社会治理环境和开放格局的集中体现，孙子文化及智慧更是千百年来滨州人绵延传承的血脉基因，已成为滨州新发展、新实践的时代标签，更为滨州未来发展汇聚起磅礴的力量。

习近平总书记指出，“要加强对中华优秀传统文化的挖掘和阐发，讲清楚中华优秀传统文化的历史渊源、发展脉络、基本走向，讲清楚中华文化的独特创造、价值理念、鲜明特色，增强文化自信和价值观自信”。为学习好、实践好习近平总书记关于弘扬优秀传统文化的战略思想，更好地在滨州青少年学生中宣传、普及孙子文化，夯实“孙子故里”“智者智城”的文化基础，我们组织编写了《孙子兵法导读》一书。

《孙子兵法导读》是学习孙子文化的普及性教材，也是一部学术严谨、平易简明的传统文化教育读本。希望本书的出版与发行，能够为营造学习孙子文化的浓厚氛围，为“智者智城”文化品牌建设，做出应有的贡献。

编　者

2021 年 7 月

目录

✻ 孙子生平

《孙子兵法》是中国乃至世界历史上现存最早的也是最完备的军事理论著作，在兵学史上享有至高无上的地位，至今仍受到世界范围内广泛的关注。然而，对于该书的作者及其生平，史籍却言之寥寥，留下了不少的谜团。下面我们根据这些零星的记载以及后世的研究，再加上必要的合理推断，勾勒一下孙子的基本人生轨迹。

孙子，名武，字长卿，春秋末期齐国人。孙武的先祖，是陈国的公子完。由于陈国发生内乱，于是陈完便率领族人逃到了齐国定居，并改姓当时与“陈”同音的“田”，以避人耳目。田完才华出众，办事认真，很快便在齐国崭露头角，并逐渐被委以重任，田氏家族由此不断发展壮大。经过几代人的努力，至齐景公时，田氏家族已经成为当时齐国的四大家族之一，而孙武的曾祖田无宇凭借出色的政治、军事才能屡建功勋，成为当时位高权重的实力派人物之一。

孙武长大后，齐国的政坛因四大家族争斗不已而变得风云诡谲，叔父辈的军事家田穰苴因受到排挤而含恨离世，更让他感觉在齐国难以施展自己的军事才能。据《左传》所载，公元前532年，在“四姓之乱”爆发之际，孙武悄然离开了齐国，辗转来到了新兴的吴国。史籍记载，孙武当时是“避乱奔吴”，一个“奔”字，突出了当时事发的突然性和仓促性。

另据《左传》所载，公元前523年孙武的爷爷田书，因征伐莒国有功，被赐姓孙，食采于乐安，由此开孙氏一脉。田氏家族是无可置疑的军事世家，从田无宇、田书、田穰苴（即司马穰苴）到后来的田忌、田单，可谓是名将辈出。孙武成长在这样的环境中，对军事产生浓厚的兴趣，便是很自然的事了。这为他最终脱颖而出，成长为一代名将、伟大的军事理论家，奠定了坚实的基础。

1972年，山东临沂银雀山汉墓竹简出土了几篇有关吴王阖闾与孙武对话的内容，学术界称之为“吴王问对”。从对话内容看，孙武对当时的天下大势，特别是晋国的情况非常熟悉。由此推断，孙武离开齐国后，先是赴晋国进行了考察，然后折而向南，沿途对各诸侯国的情况进行了深入的了解，这对他以后辅佐吴王阖闾争霸天下，无疑起到了重要的作用。

当时的吴国，公子光让专诸刺杀吴王僚后，自立为王，是为吴王阖闾。阖闾是一位雄心勃勃的君主，他招贤纳士，任用贤能，使吴国呈现出欣欣向荣的气象，与内斗不已、已呈暮气的齐国形成了鲜明的对照。然而，孙武到达吴国后并没有急于谋求步入仕途，而是隐居下来，一面研究军事，潜心著述，一面冷静地观察着形势的发展。在此期间，他结识了来自楚国且已得到吴王重用的伍子胥。二人皆有经天纬地之才，且志趣相投，遂成为挚友。伍子胥对孙武的军事才华深感佩服，于是多次向吴王阖闾推荐，史称“伍员七荐”，终于打动了吴王。

公元前512年，孙武带着自己的兵法十三篇（即后来的《孙子兵法》）晋见吴王阖闾。阖闾每读一篇，都啧啧称赞。随后，君臣二人又纵论天下形势，特别提到了潜在敌国——晋国以及境内各大家族势力的现状与发展趋势，孙武都一一给出了自己的结论（与未来几十年的发展基本吻合）。阖闾为孙武深厚的理论功底所折服，也惊叹于他对形势的准确判断，但依然担心：眼前这个来自异国的年轻人，真能担负起振兴吴国的重任吗？如果只是夸夸其谈却没有真实才干，岂不是耽误了吴国的霸业吗？于是，他便出了一个刁钻的难题：让孙武训练宫女成为战士。通过众所周知的“吴宫教战”,孙武不仅展示了自己杰出的训练水平、严格执法的为将品质,同时也告诉吴王阖闾一个深刻的道理:兵不可戏,战不可玩。这与《孙子兵法》中提倡的慎战、重战思想是高度一致的。阖闾虽对孙武斩美之举深感不快,但他毕竟是一名具有雄才大略的君主,权衡之下,他终于任命孙武为吴国的将军。

阖闾一心图霸,遂就大规模伐楚一事征询群臣的意见。伍子胥与孙武均认为时机尚未成熟:“民劳,未可,待之。”于是,吴国开始了一系列“疲楚误楚”的行动:吴军分为三支,更番出击,袭扰楚国。每当楚军大规模集结应战时,吴军便主动撤离,而不与之决战。如此,一军方归,一军又起,搞得楚军东奔西走,疲于奔命。这一措施实行了六年之久,不但使楚国耽误农时,经济上蒙受了巨大的损失,而且给楚军造成了严重的错觉,认为吴军不过是骚扰而已,从而忽略了其背后的真实意图。作为吴国的将军,孙武则将主要精力投入吴军的整训之中。对于孙武训练军队之事,史籍未曾提及。但后来的兵书《尉缭子》中有这样一段记载:“有提三万之众,而天下莫能当者谁?曰:武子是也。”可见,这一时期孙武的训练对提高吴军整体的战斗力起到了至关重要的作用。伐楚的准备已经一切就绪,只待一个契机的到来。

公元前506年,楚国不顾国力衰微、人心不稳的现实,继续穷兵黩武，出动大军围攻蔡国。蔡国向晋国求援未果，转而向吴国求救，并主动送太子作为人质，以示抗楚决心。同时，唐国也因不满楚国的欺凌，倒向吴国。吴国君臣期盼已久的伐楚良机，终于来临了。

同年，吴王阖闾亲率30 000大军，由淮水西进，在蔡、唐两国军队的配合下，迅速通过楚国北部的大隧（今河南信阳）等3道关隘，抵达汉水东岸。楚国慌忙派令尹囊瓦等人，在汉水西岸布置防御。其后，双方战于柏举（今湖北麻城）。阖闾之弟夫概见楚军士气低落，人心不稳，遂果断率领所部5 000将士发起攻击。楚军在其猛烈攻击下，很快乱了阵脚，主帅囊瓦更是弃全军于不顾，仓皇逃向郑国。阖闾见状，立即指挥主力投入战斗，遂大获全胜。此后，吴军对楚军穷追猛打，五战五胜，最终攻克楚国的都城——郢（今湖北江陵），楚昭王则早早仓皇出逃。至此，吴军取得了全面胜利。

攻入楚国都城后，吴国君臣被胜利冲昏了头脑，烧杀抢掠，无恶不作，激起了楚国人民的强烈反抗。这时，秦国出兵救楚，而吴国内部则发生了夫概自立为王的内讧，阖闾不得已从楚国撤兵回国。

柏举之战后，史籍对孙武的记载再无只言片语。我们推断是在见到吴国君臣倒行逆施后，孙武倍感失望，却又无可奈何，最终飘然归隐。支持这一推断的有一条依据：现在能看到的《孙子兵法》的最早版本，即银雀山汉墓竹简本，与传世本不同，其最后一篇为《火攻》，而《火攻》的最后一段话是："夫战胜攻取，而不修其功者凶，命曰费留。"这或可视为孙子对吴军入郢后教训的总结。顺着这条思路，孙子本人当是适时归隐，传授兵法以度余生。

❀ 故里寻踪

就孙子研究而言，故里问题只是一个小问题，却又是一个十分复杂的学术问题。围绕着孙子故里问题，20 世纪 80 年代末以来，先后出现了“临淄说”“博兴说”“高唐说”“广饶说”“莒邑说”等，向传统的“惠民说”发起了挑战。经过 20 年左右的时间，学术上的争论基本告一段落。通过辩论，“惠民说”得到进一步认同，成为学术界普遍的共识。

或许有人会问：既然学术界已有定论，你还写这篇文章做什么呢？其实，本文的目的不是参与孙子故里问题的讨论，更不是写给专家看的。近年来，从“孙子故里”到“智者智城”，作为滨州最亮丽的文化名片，在滨州市的对外交往中发挥着越来越重要的作用。然而，绝大多数滨州人对于诸如孙子故里问题是怎么回事、孙子故里问题的症结在哪儿、“惠民说”的主要依据是什么、“广饶说”等诸说为什么不能成立等问题，即使不是一无所知，也是云里雾里。本文的目的是尽量以非学术的语言，把以上问题简要地描述出来，这样不仅会对滨州市的对外交流有所裨益，同时也会对孙子文化普及发挥适当的作用。

要厘清这一问题，首先需要明确的是故里的概念。故里问题是一个实实在在的学术问题和历史问题，我们根本不可能找到一个与之相对应的现代汉语词汇。于是，有人便想当然地将故里与故乡、出生地等联系在一起。甚至当时一位著名的学者都这样认为："故里，即故乡，通常是指生于斯、养于斯之地。""临淄说""莒邑说""高唐说"都是沿着这样的思路去求证的，结果只能是南辕北辙，这是对孙子故里问题的曲解，已经严重脱离了孙子故里问题的核心与本质。

古人所谓的故里，大体可分为两类，一类是指得姓始祖的首采之邑，一类是指后世子孙的久徙之地。孙子故里显然是前者，它来源于其祖孙书伐莒立功后的赐姓封采。一旦得到姓氏和首采之邑，就要在这里建造家庙，作为家族重要议事或举行政治活动的场所。因此，判断一个地方是不是某人的故里，与他是否出生在这里、成长在这里没有任何关系。比如袁绍，生于长安、长于长安，后来又长期在长安做官，但因为袁氏家族的家庙在汝南汝阳，所以他的故里便是汝南汝阳，而不是长安。我们讨论孙子故里也是一样。

那么，孙子故里在什么地方呢？《新唐书·宰相世系表》的记载是陈(田)书因"伐莒有功,景公赐姓孙,食采于乐安"。唐初宰相孙处约的墓志中也称其为"乐安人"。这里先澄清一个错误,即在不少著述或景点介绍中都这样写道:"孙武,齐国乐安人。"在考证孙子故里的过程中,许多人查遍了史籍,结果得出的结论是先秦的齐国,根本不存在一个叫乐安的地方。中国历史上,大概是因为"乐业安居"这一美好的寓意,曾经出现过不少的乐安。那么,孙子故里的乐安,到底是什么时期的乐安呢?这便成了问题的关键所在。

乐安郡望的最早记载出自《元和姓纂》,又见于《古今姓氏书辨证》《新唐书・宰相世系表》。从三书的体例考察,学者认为孙书食采的乐安是唐代的新望,而非旧望。因为三书中凡涉及旧望者,如与当时情况不一致,均要交代当时的地望,而乐安条下则无,当为新望无疑。比如,我们今天著述时,提到南京市,这是今天的地名,所以不需要做任何的说明,但用金陵、建业、建康、集庆等古称谓时,则需要在括号中加入"今南京市"的说明。由此推断,《元和姓纂》中所说的孙子故里乐安,当是唐朝天宝初年从棣州(今山东阳信)改称的乐安郡。有学者进一步推断,这次州郡名称的改变,当是时人考证孙子故里的结果。天宝以后,出现大量孙氏被册封为"乐安"名称的封号,可视为对这一推断的有力佐证。而当时棣州的治所,则在今山东省惠民县。

另外,齐国作为诸侯国,其国君的爵禄是"方百里",也就是说,齐国都城（今山东淄博）百里之内的地方，是用来保障公室的需要。百里之内的土地是不能轻易封给他人的，否则便是君权的衰落。如果我们围绕当时的齐国都城画一个圈，则广饶与博兴都在百里之内，显然不符合作为孙书采邑的条件，否则便是严重地违制。符合这一条件的，便只剩下远离都城，位于齐国边境地区的今惠民县了。这可以视为“惠民说”最重要的一条旁证。

总之，孙子故里在惠民是唐人考证的结果，而这一结果得到了后世《古今姓氏书辨证》《新唐书・宰相世系表》的认同和沿用。在新的文字或考古材料出现，能证明唐人考证有误之前，任何想推翻传统“惠民说”的做法都是不恰当的，也注定是徒劳的。

计　篇

战争，可谓是一个令人感到既陌生又熟悉的话题。有人视战争为儿戏，有人则视战争为灾难，有人热衷并沉迷于战争，有人则恐惧并反对战争。那么，应该如何理性地认识战争呢？两千多年前的兵圣孙子，为什么称战争为“国之大事”？在《孙子兵法》的开篇，他从重视战争、慎重对待战争的理念出发，对决定战争胜负的主客观因素进行分析，并突破旧军礼的限制，提出了石破天惊的“诡道”理论。此外，为了强调战前运筹分析的重要性，他又提出了“庙算”制胜的思想。现在，就让我们走进《计篇》，走进《孙子兵法》。

✲ 原典

(一)孙子曰:兵[①]者,国之大事,死生之地,存亡之道[②],不可不察[③]也。

【注释】①兵:本意是军事器械、武器等,后来引申为士兵、军队、战争等。这里指战争。

②道:本意是道路。后来引申为方式、途径、原则、规律、措施以及思想、学说、政治主张等。注:"道"在《孙子兵法》中共出现20余次,不同语境下,含义不尽相同。

③察:考察,审察,研究。

【译文】孙子说:战争事关国家的生死存亡,地形上的死地、生地,战场上的存亡胜败,是不可不认真考察研究的。

(二)故经之以五事,校之以计,而索其情[①]。一曰道,二曰天,三曰地,四曰将,五曰法。

【注释】①情:情势,实情,此处指实际情况。

【译文】因此要分析研究它(战争)五个方面的问题,比较敌对双方的各种条件,考察双方的实际情况,来探求战争胜负的情势。一是道义,二是天时,三是地理,四是将帅,五是法规。

(三)计利以听[①],乃为之势,以佐其外。势者,因利而制权[②]也。

【注释】①听：依从，遵从，采纳。

②权：本意指秤砣，这里是权变，灵活处置的意思。

【译文】筹划有利的作战方略而被（君王）采纳，就可以造成一种态势，从外部辅助作战方略的实现。所谓态势，就是凭借有利于自己的条件，灵活应变而掌握战争的主动权。

（四）兵者，诡[①]道也。

【注释】①诡：不为人所知，诡诈。指用兵打仗是一种诡诈的行为。

【译文】战争，遵循诡诈机变的规律。

（五）攻其无备，出其不意。此兵家之胜，不可先传[①]也。

【注释】①传：传授，在这里可引申为"规定"。

【译文】要在敌人没有防备之处发动攻击，在敌人意料不到之时采取行动。这是将帅克敌制胜的奥妙，是不能预先规定好的。

（六）夫未战而庙算[①]胜者，得算多也；未战而庙算不胜者，得算少也。多算胜，少算不胜，而况于无算乎！吾以此观之，胜负见矣。

【注释】①庙算：中国古代关于战略筹划的军事术语。古代兴师作战之前，通常要在庙堂里商议筹划，分析战争的利害得失，制订作战方略，这一作战准备程序叫作"庙算"。庙：古代祭祀祖先和商议国事的场所。

【译文】在开战之前就通过"庙算"预计能够获胜的，是因为筹划周密，获胜的条件多；开战之前就预计不能取胜的，是因为筹划不充分，获胜的条件少。筹划周密，条件充分就能取胜；筹划不周密，条件不足就不能取胜；更何况不做任何筹划、没有任何取胜的条件呢？我根据这些来观察，谁胜谁负就显而易见了。

✲ 要义

（一）重战与慎战

《计篇》开篇首句，孙子所阐明的观点，便是对战争的态度，也就是他的战争观。孙子认为战争事关国家生死存亡、民众利益安危，因此必须重视战争，并慎重地研究和对待战争。即："兵者，国之大事，死生之地，存亡之道，不可不察也。"这充分体现了孙子的理性思维和战争观。在这里，孙子提出，对于战争，既要高度重视，又要谨慎对待，既不好战，又要端正对战争的态度，重视战争，分析战争，把握战争，这与穷兵黩武的思想是有本质区别的，这是中国传统文化中人本思想的具体体现。

（二）"五事""七计"的战争分析

孙子认为，战争胜负是由敌对双方多方面因素所决定的，通过对这些方面的分析和比对，就能对战争的结果做出相对准确的预测。孙子将这些因素归纳为五个方面，我们称之为"五事"，即"道""天""地""将""法"，也就是道义、天时、地理、将帅、法规。然而，仅了解其中大概是远远不够的，因此他强调对于敌对双方各方面情况的详细比较和分析，我们称之为“七计”。即：“主孰有道？将孰有能？天地孰得？法令孰行？兵众孰强？士卒孰练？赏罚孰明？吾以此知胜负矣。”而以国君和将帅为中心的决策层，必须经过对“五事”“七计”的比较和分析，才可以做出军事决策，由此战争胜负的可能性就基本可以掌握了。

（三）“诡道十二法”的作战指导思想

“诡道”，揭示了战争的本质规律，反映了战争的根本属性。“诡道”的实质和目的就是“攻其无备，出其不意”。孙子所讲的“诡道”，是一种在竞争对抗中，造成对方错觉的艺术手段。孙子是一个“仁诡”的辩证统一者，他认为输掉战争，是对自己国家和人民最大的不仁。要赢得战争，就必须遵循战争的规律和法则。由此，孙子提出了著名的“诡道十二法”，以此来迷惑和诱导敌人，从而实现“攻其无备，出其不意”的作战效果。然而，“诡道”虽是作战指导的规律和法则，但只应限于你死我活的战争领域，而非其他领域，故而谈到“诡道”就不能离开它的前提——兵者。

（四）战略决策与“庙算”制胜

《计篇》在《孙子兵法》十三篇中，起着提纲挈领的作用，它的关键思想是“庙算”。在该篇中，孙子对战争的筹划问题，做了全面而深刻的论述。孙子认为，尽管战争是血腥、残酷和神秘的，但战争成败的可能性也是可以预知的。战争有其自身特有的规律，只要掌握了战争各方面的主客观要素，然后再进行细致的分析、计算和筹划，便可以驾驭战争。由此，孙子提出了著名的“庙算”制胜思想，作为君将阶层进行战争决策的指导思想，帮助其掌握和预测战争走向，从而避免草率决策、盲目决策带来的战争危害。

✲ 思考

（一）孙子提及的影响战争成败的因素主要有哪些？你认为哪一点最重要？结合生活实际谈谈你的看法。

（二）结合本篇思想，谈谈“庙算”对你学习做事的启示。

✲ 延伸阅读

吴王问对

春秋时期，在大臣伍子胥的推荐下，吴王阖闾亲自向孙武请教。孙武通过黄帝讨伐炎帝的经验，向吴王阐述了“休民、艺谷、赦罪”的王霸之道。吴王问：“晋国‘六卿’成败是怎么回事呢？”孙武从田亩制度的大小、收取租税的多少、士卒的多少、官吏的贪廉等几个方面进行分析计算，得出结论：范氏和中行氏最先败亡，赵氏取得最后成功。这也就是历史上著名的“吴王问对”。大到治国安邦的战略，小到冲锋陷阵的战术，通过吴王和孙武这样一问一答，都被阐释得十分清晰明了，由此孙武也正式登上了军事历史的舞台。史学家司马迁评价道：“西破强楚，入郢，北威齐晋，显名诸侯，孙子与有力焉！”

“吴王问对”的内容，形象地阐释了孙子的“庙算”制胜思想，而孙子对晋国国内未来发展形势的分析，也基本符合历史发展的实际，这充分印证了孙子“庙算”制胜思想的预见性和重要性。

隆中对

东汉末年，没落的皇室后裔刘备，面对岌岌可危的皇室境况，忧心忡忡，于是“三顾茅庐”，到隆中（今湖北襄阳）去请教诸葛亮。诸葛亮通过细致入微地观察分析，推演出未来“三国鼎立”的天下大势。

诸葛亮分析道：“当今世上，各路军阀割据一方，势力大小不一。其中，曹操和袁绍相比，声名和力量都比不上袁绍，可他能够战胜袁绍，以弱胜强，是因为曹操善于招揽天下人才，身边有一群得力的谋士。现在曹操兵力已经达到百万之众，并且还掌握着皇帝的号令，所以不能和曹操产生正面冲突。孙权在江东已经先后经营了三代，地势险要，人民信服他，身边也有一群得力干将，所以说，孙权可以作为援手，不能有侵占攻略的想法。荆州，北面有汉水、沔水；向南、向东都非常便利；西面可以直达蜀地，可它的守卫者能力低下，这是上天送给你的礼物。益州这个地方位置非常优越，土地肥沃，想当年，汉高祖刘邦因为有了益州，才得以建立帝业。如果能夺取这个地方，那么你的宏图霸业便可以实现了。”

正是通过诸葛亮对地理、人文以及主帅等各方面的分析，指出了刘备梦寐以求的远大蓝图。而这种精于计算的思想，正是《孙子兵法》中以“道”“天”“地”“将”“法”为内核的“五事”思想的具体体现，也达到了“夫未战而庙算胜者，得算多也”的效果。

✼ 原文

孙子曰：兵者，国之大事，死生之地，存亡之道，不可不察也。

故经之以五事，校之以计，而索其情。一曰道，二曰天，三曰地，四曰将，五曰法。道者，令民与上同意也，故可以与之死，可以与之生，而不畏危也。天者，阴阳、寒暑、时制也。地者，远近、险易、广狭、死生也。将者，智、信、仁、勇、严也。法者，曲制、官道、主用也。凡此五者，将莫不闻，知之者胜，不知之者不胜。

故校之以计，而索其情。曰：主孰有道？将孰有能？天地孰得？法令孰行？兵众孰强？士卒孰练？赏罚孰明？吾以此知胜负矣。

将听吾计，用之必胜，留之；将不听吾计，用之必败，去之。

计利以听，乃为之势，以佐其外。势者，因利而制权也。

兵者，诡道也。故能而示之不能，用而示之不用，近而示之远，远而示之近。利而诱之，乱而取之，实而备之，强而避之，怒而挠之，卑而骄之，佚而劳之，亲而离之，攻其无备，出其不意。此兵家之胜，不可先传也。

夫未战而庙算胜者，得算多也；未战而庙算不胜者，得算少也。多算胜，少算不胜，而况于无算乎！吾以此观之，胜负见矣。

□ 译文

孙子说：战争事关国家的生死存亡，地形上的死地、生地，战场上的存亡胜败，是不可不认真考察研究的。

因此要分析研究它（战争）五个方面的问题，比较敌对双方的各种条件，考察双方的实际情况，来探求战争胜负的情势。一是道义，二是天时，三是地理，四是将帅，五是法规。道义，就是指要让民众和君主的意愿一致，战时他们才会为君主去死，不存二心。天时，就是指昼夜、晴雨、寒冷、炎热、季节气候的变化。地理，就是指路途远近、险隘平坦、进退方便等条件。将帅，就是指挥者所具备的智慧、诚信、仁爱、勇猛、严明等素质。法规，就是指军制、军法、军需的制订和管理。凡属这五个方面的内容，将领都不能不知。充分了解这些内容就能取胜，相反就会失败。

所以，还要通过比较双方的具体条件来探究战争胜负的情形。分析双方君主哪一方施政清明？哪一方将帅更有才能？哪一方拥有更好的天时地利？哪一方军纪更加严明？哪一方兵力更加强大？哪一方士卒更加训练有素？哪一方赏罚更加分明？通过这些分析比较就能够判断谁胜谁负了。

若听从我的意见，用兵作战就会取胜，我就留下来；若是不听从我的意见，用兵作战就会失败，我将会离开这里。

筹划有利的作战方略而被（君王）采纳，就可以造成一种态势，从外部辅助作战方略的实现。所谓态势，就是凭借有利于自己的条件，灵活应变而掌握战争的主动权。

战争，遵循诡诈机变的规律。所以，能战而示之软弱；要打，装作退却；要攻近处，装作攻击远处；要想远袭，又装作近攻；敌人贪利，就用小利引诱；敌人混乱，就要趁机攻取；敌人力量充实，就要防备；敌人兵强卒锐，就要避其锋芒；敌人气势汹汹，就要设法扰乱他；敌人谦卑，就要使之骄横；敌人安逸，就要使之疲劳；敌人内部和睦，就要设法离间他们；要在敌人没有防备之处发动攻击，在敌人意料不到之时采取行动。这是将帅克敌制胜的奥妙，是不能预先规定好的。

在开战之前就通过“庙算”预计能够获胜的，是因为筹划周密，获胜的条件多；开战之前就预计不能取胜的，是因为筹划不充分，获胜的条件少。筹划周密，条件充分就能取胜；筹划不周密，条件不足就不能取胜；更何况不做任何筹划、没有任何取胜的条件呢？我根据这些来观察，谁胜谁负就显而易见了。

先秦时期兵符及主要兵器简介

虎符　是古代君王调兵遣将用的兵符，用青铜或者黄金做成伏虎形状的令牌，劈为两半，其中左半交给将帅，右半由皇帝保存。只有两个虎符同时合并使用时，持符者才能获得调兵遣将权。

图 1 战国秦杜虎符为错金虎符，高 4.4 厘米，长 9.5 厘米，厚 0.7 厘米，背面有槽，颈有一小孔，虎作走动形，尾端卷曲。虎符身上有错金铭文9行，40 字：“兵甲之符，右在君，左在杜，凡兴士披甲，用兵五十人以上，必会君符，乃敢行之，燔隧之事，虽毋会符，行也。”杜虎符是所有出土虎符中铭文最长的一件，且保存完好。40 个错金字做工精致、笔画优美，反映了中国古代错金工艺的高超水平。

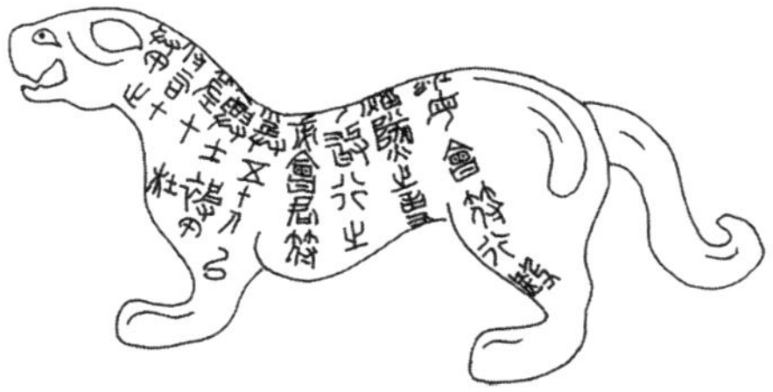

图1　杜虎符

钺　钺盛行于商代和西周，是武器，也是象征君王威严的信物和礼器。青铜制，圆刃或平刃，形状像后世的大斧。有穿，可安装长柄，用于砍杀。有些钺雕镂精致的图案，并用玉石制成，是作为仪仗或殉葬用的。

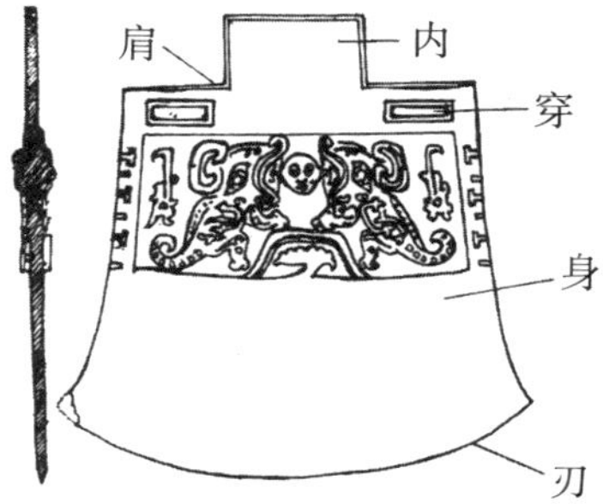

图2　妇好钺及其各部位名称

先秦主要战争述略

阪泉之战

上古时期，兴起于今关中平原和山西西南一带的黄帝部落开始向东发展，与兴起于河南西部一带的炎帝部落发生了冲突。双方经过三次较大规模的作战，结果以黄帝部落占据上风而结束，最终形成以黄帝为首的华夏军事同盟。黄帝和炎帝也因此成为中华民族共同的祖先。

涿鹿之战

阪泉之战后，华夏军事同盟开始沿黄河两岸向华北平原发展，以获得更好的生存空间。与此同时，兴起于今山东南部一带的东夷部落也在其首领蚩尤的率领下，由东向西进入了华北平原。蚩尤部落以剽悍善战、长于制造兵器而闻名。他们首先击败了炎帝部落，占据了九州地区。炎帝不得已，只好向黄帝求救。战争首先在黄河流域一带爆发，以黄帝为首的华夏集团“九战九败”，最后撤退到阳泉（今河北涿鹿）一带。这时天气放晴，在玄女族的支援下，黄帝组织力量开始反击。作战期间，狂风大作，尘沙满天，黄帝的军队利用蚩尤部落迷乱之际，用指南车指引方向，向蚩尤部落发动猛烈进攻，终于一战而胜，并在冀州之野擒杀蚩尤。此后，黄帝率军东进，举行完“封禅泰山”的仪式后方才凯旋。为了加强对东方的控制，黄帝选择了一位能服众的氏族首领少皞继续统治东夷部落，并强迫其与华夏集团结为同盟。涿鹿之战奠定了华夏集团控制中原地区的基础，也决定了华夏文明演进的基本方向。

作战篇

“作战”意为战争准备。本篇不是谈实际的作战，而是论述发动战争的高昂费用、战争与经济的关系、久战的重大危害、后勤保障原则以及“胜敌益强”的方法等。而后勤保障则是本篇的重要内容。在做出战争决策和制订作战计划后，首先要考虑的是支撑战争的作战资源，并从这一基础入手展开实际的战争运作。战争是力量与力量的对抗，从支撑战争力量的各种现实或潜在的资源入手，符合战争认识和实施的逻辑。孙子通过辩证分析战争对经济的依赖，提出了“速战速决”的作战思想和“因粮于敌”的战时后勤保障原则。

❊ 原典

(一)其用战也胜[①],久则钝兵挫锐[②],攻城则力屈[③],久暴师则国用不足[④]。夫钝兵挫锐、屈力殚货[⑤],则诸侯乘其弊[⑥]而起,虽有智者,不能善其后矣。

【注释】①其用战也胜:用兵打仗,要做到速决速胜。胜:取胜,此处指速胜。

②钝兵挫锐:这里比喻军队疲惫,锐气挫伤。钝:同"顿",疲惫、困乏。

③力屈(jué):指战斗力衰竭。屈:竭尽、穷尽。

④久暴师则国用不足:军队长期在外作战就会造成国家经济困难。暴:"曝"的古字,原义为晒,引申为暴露。国用:国家的开支。

⑤殚(dān)货:耗尽物力、财力。殚:枯竭。货:货币、财物,这里指经济。

⑥弊:疲困,这里是"危机"的意思。

【译文】用兵打仗,贵在速胜,旷日持久就会使军队疲惫,锐气受挫。攻打城池,会使得兵力耗竭;军队长期在外作战,会使国家财力不继。如果军队疲惫,士气受挫,实力耗尽,国家经济枯竭,那么诸侯列国便会乘此危机发兵进攻,那时候即使有智慧超群的人,也将无法挽回危局。

(二)故不尽知用兵之害者,则不能尽知用兵之利也。

【译文】所以不完全了解用兵弊害的人,也就无法真正理解用兵的益处。

(三)善用兵者,役不再籍①,粮不三载②,取用于国③,因④粮于敌,故军食可足也。

【注释】①役不再籍:指不再三从国内征兵。役:兵役、兵员。再:二次。籍:指户籍,古代按户籍征兵。

②三载:多次运输。三:多次。载:运输、运送。

③取用于国:武器装备等由国内提供保障。用:这里指粮秣以外的其他军用物资。

④因:原义为因袭、继承,此处指接收、获取、解决等。

【译文】善于用兵打仗的人,兵员不再三征集,粮草不多次运送。武器装备由国内提供,粮食给养在敌国补充,这样,军队粮食供给也就充足了。

(四)故杀敌者,怒①也;取敌之利者,货也②。故车战得车十乘已③上,赏其先得者。而更其旌旗④,车杂而乘之⑤,卒善而养之⑥,是谓胜敌而益强。

【注释】①怒:指激起士兵对敌人的愤怒。

②取敌之利者,货也:指要想夺取敌军的资财,就要用财物奖赏士卒。利:这里指战利品。货:财物、货币。这里指用财物奖赏士卒,以调动其杀敌的积极性。

③已：同“以”。

④更其旌旗：在缴获的敌方车辆上换上我军的旗帜。旌旗：古代用羽毛装饰的旗帜。

⑤车杂而乘之：将缴获的敌方战车与我方车辆掺杂在一起，用于作战。杂：混合，掺杂。乘：驾，使用。

⑥卒善而养之：优待被俘虏的敌军士卒，使之为己所用。卒：这里指俘虏、降卒。

【译文】所以，要使军队英勇杀敌，就应激发士兵同仇敌忾的士气；要想夺取敌人的军需物资，就必须用缴获的财物来奖赏士兵。在车战中，凡是缴获战车十辆以上的，就奖赏最先夺得战车的人。同时，要更换战车上的旗帜，混合编入自己的战车行列。对敌俘要予以优待和任用。这也就是说愈是战胜敌人，自己也就愈是强大。

(五)故兵贵[1]胜，不贵久。

【注释】①贵：重视、推重。《礼记·中庸》：“去谗远色，贱货而贵德。”

【译文】因此，用兵打仗贵在速战速决，而不宜旷日持久。

✲ 要义

(一)战争与经济的关系

战争对经济有很强的依赖性，而强大的经济基础是支撑战争的物质保障。国家若没有强大的经济实力和充足的物资储备，就没有进行战争的资本。孙子认为，战争对国家财力、物力、人力有着巨大消耗，一旦战争旷日持久，后果则将更加严重，不仅使国库耗尽、民生凋敝，甚至有可能导致国家灭亡，所谓“其用战也胜，久则钝兵挫锐，攻城则力屈，久暴师则国用不足”。

（二）“兵贵胜，不贵久”的速战原则

为了尽可能减少战争消耗，加快战争进程，孙子提出了著名的速胜原则，即“兵贵胜，不贵久”。速胜在孙子的战争指导思想中居于重要地位，他多次在其他篇章中对此进行论述和强调。速胜也是中国古代兵家奉行不悖的重要作战观念，在历代战争中都有着鲜明的体现。东汉末年，曹操远征乌桓的战例就充分说明了这一点，并留下了“兵贵神速”这一成语。一般而言，孙子的速胜原则主要是针对进攻作战提出的，客观地讲，速决还是持久，还要依据敌我双方的力量对比和采取的作战形式而定。

（三）“因粮于敌”的后勤保障原则

古今中外，将帅们无不把后勤补给作为胜利之本。孙子为解决后方补给和战场需要的矛盾，提出了“因粮于敌”的原则，尽可能减少本国的财政开支，减轻人民负担。“因粮于敌”就是设法在敌国土地上获得补充。这种补充，在增强自己资源的同时，也大大消耗了敌人的资源，实为减少战争消耗和减轻百姓负担的良策。孙子还将“因粮于敌”的思想延伸到其他方面，主张部分装备

和人员也可以取之于敌，强调要鼓励士兵夺取敌军车马，最好是夺取之后将装备和人员一起编入自己的作战序列，成为自己作战力量的一部分，以此作为补充战争损耗的又一途径，从而实现孙子所说的“胜敌而益强”。实质上，孙子“因粮于敌”的思想就是“以战养战”。这一战略思想非常深刻，就是从敌我力量对比的辩证关系中，提出的一种“借力增力”的思想，巧用对手之力击败对手，这充分反映了中国传统战略思想的智慧，也反映了孙子的高明之处。

✻ 思考

（一）通读全文，想一想旷日持久的战争会导致哪些严重后果？

（二）结合孙子所阐述的战争与经济的关系，谈谈你对“战争是把双刃剑”的理解和认识。

✻ 延伸阅读

战争消耗与速胜思想

任何一场战争的消耗都是以天文数字来计算的，尤其到了近现代更是如此。譬如第二次世界大战，长期大规模作战造成人类历史上的巨大损失。从欧洲到亚洲，从大西洋到太平洋，先后有 61 个国家和地区，20 亿以上的人口被卷入战争，作战区域面积约2 200万平方千米。据不完全统计,战争中军民共伤亡9 000余万人,50 000多亿美元付诸东流,这是人类历史上规模最大的世界战争。这一战争灾难,再次印证了孙子"久则钝兵挫锐""屈力殚货""国用不足"这一思想的科学性。同时也表明,孙子所说的战争会消耗大量经济资源,并给国家带来巨大危害的现象,在现代战争中具有更加突出的体现。

现代战争实践也证明,孙子的速胜思想是符合战争客观规律的。譬如1981年6月,以色列使用空军奔袭伊拉克首都巴格达附近的核设施,摧毁了伊拉克苦心经营多年的原子反应堆;1985年10月,以色列又远程奔袭,短短几分钟便使设在突尼斯境内的巴勒斯坦解放组织总部变成废墟;1989年12月,美军以"速战速决"为指导原则出兵巴拿马,全部军事行动仅用了15天。在突发性强、时间短促、规模有限的现代局部战争中,特别要避免长期作战,必须争取在短时间内取得重大战果,迫敌停战、撤军或进行谈判。

✲ 原文

孙子曰:凡用兵之法,驰车千驷,革车千乘,带甲十万,千里馈粮,则内外之费,宾客之用,胶漆之材,车甲之奉,日费千金,然后十万之师举矣。

其用战也胜,久则钝兵挫锐,攻城则力屈,久暴师则国用不足。夫钝兵挫锐、屈力殚货，则诸侯乘其弊而起，虽有智者，不能善其后矣。故兵闻拙速，未睹巧之久也。夫兵久而国利者，未之有也。故不尽知用兵之害者，则不能尽知用兵之利也。

善用兵者，役不再籍，粮不三载，取用于国，因粮于敌，故军食可足也。

国之贫于师者远输，远输则百姓贫；近于师者贵卖，贵卖则百姓财竭，财竭则急于丘役。力屈、财殚，中原内虚于家。百姓之费，十去其七；公家之费，破车罢马，甲胄矢弩，戟楯蔽橹，丘牛大车，十去其六。

故智将务食于敌，食敌一钟，当吾二十钟；萁秆一石，当吾二十石。

故杀敌者，怒也；取敌之利者，货也。故车战得车十乘已上，赏其先得者。而更其旌旗，车杂而乘之，卒善而养之，是谓胜敌而益强。

故兵贵胜，不贵久。

故知兵之将，生民之司命，国家安危之主也。

□ 译文

孙子说：根据用兵作战的一般规律，凡是军队出动，就要动员轻重战车上千辆，全副武装的士卒十万人，还要不远千里地运送和供应粮草。这样，前方后方的开支，往来于诸侯国之间使节所需的花销，制作和维护各种军用物资所需的材料，供应和补给武器装备的费用，每天的耗资都会有千金之多。这些都有了保障之后，十万大军才能顺利地出动。

用兵打仗，贵在速胜，旷日持久就会使军队疲惫，锐气受挫。攻打城池，会使得兵力耗竭；军队长期在外作战，会使国家财力不继。如果军队疲惫，士气受挫，实力耗尽，国家经济枯竭，那么诸侯列国便会乘此危机发兵进攻，那时候即使有智慧超群的人，也将无法挽回危局。所以，在军事斗争中，如果能够速胜，即使拙于智计，在指挥中也是可取的；但为了单纯追求巧胜而使战争旷日持久的，还从来没有见过。战争久拖不决而有利于国家的情况，是从来不曾有过的。所以不完全了解用兵弊害的人，也就无法真正理解用兵的益处。

善于用兵打仗的人，兵员不再三征集，粮草不多次运送。武器装备由国内提供，粮食给养在敌国补充，这样，军队粮食供给也就充足了。

国家由于用兵而导致贫困的原因，是因为军队去国远征，去国远征就需要远道运输，而远道运输就会使百姓日益贫困；靠近驻军的地方物价必然飞涨，物价飞涨就会使百姓财力枯竭，财力枯竭国家就会急于加重赋役的征收。兵力损耗于外，国家空虚于内，百姓的财富损耗掉十分之七；公家的财费也会因车辆损坏、战马疲惫、甲胄矢弩与戟盾矛橹等武器装备的消耗，以及丘牛大车的征用，而损耗掉十分之六。

所以，明智的将帅都力求在敌人那里解决粮草供应问题。消耗敌人一钟粮食，就相当于从本国运来二十钟；消耗敌人一石草料，就相当于从本国运来二十石。

所以，要使军队英勇杀敌，就应激发士兵同仇敌忾的士气；要想夺取敌人的军需物资，就必须用缴获的财物来奖赏士兵。在车战中，凡是缴获战车十辆以上的，就奖赏最先夺得战车的人。同时，要更换战车上的旗帜，混合编入自己的战车行列。对敌俘要予以优待和任用。这也就是说愈是战胜敌人，自己也就愈是强大。

因此，用兵打仗贵在速战速决，而不宜旷日持久。

所以说，熟知用兵之道的将帅，是民众生死的掌握者，国家安危的主宰者。

先秦时期主要兵器简介

在史前石兵器阶段，射远兵器的弓箭，近距离格斗的棍、棒、矛、斧、钺、刀、戈等，以及用于防御的盾牌、护甲等装具已经出现。除了易于腐化的竹木和部分骨质兵器，其他石质和部分骨质兵器都有丰富的实物遗留。根据对出土石镞的放射性碳素测定，弓箭的使用至少在距今 3 万年之前。

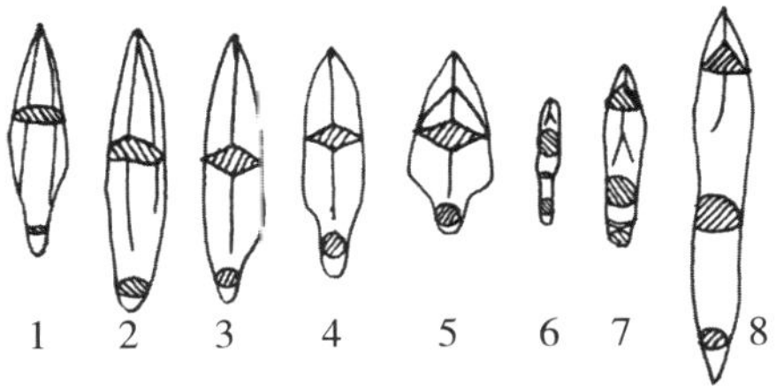

1～5.扁体有铤石镞　6～8.柱体圆铤石镞

图1　姚官庄出土的石镞

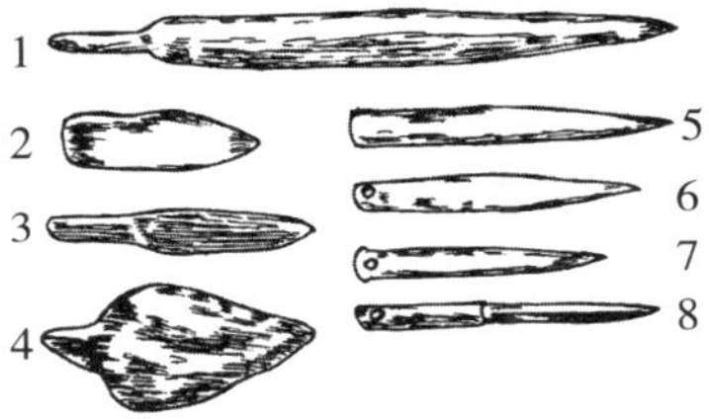

1.木矛　2～4.石矛　5～8.骨矛

图2　新石器时代的矛

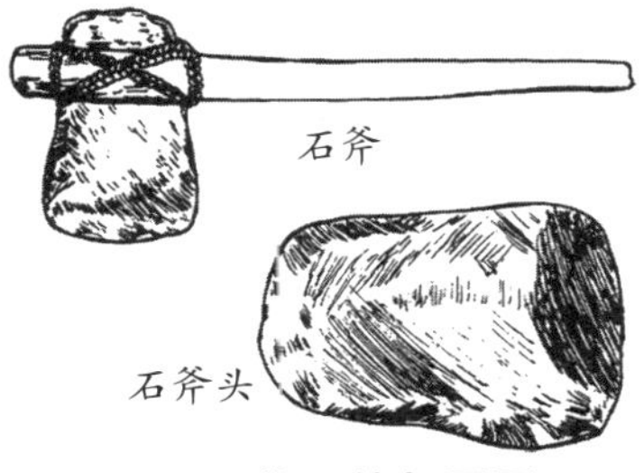

图3　石斧及其复原图

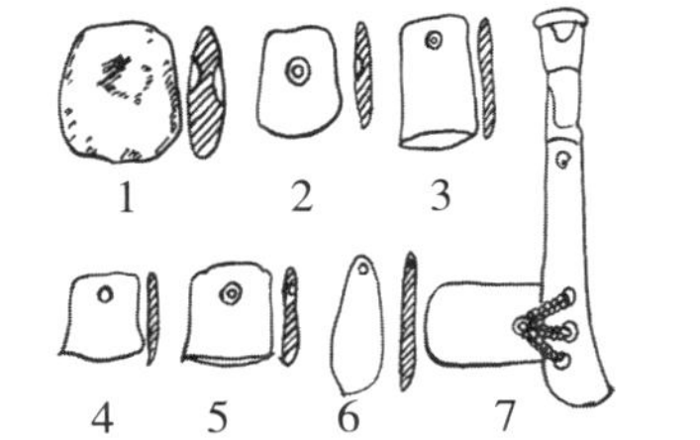

1.圆形钺　2.梯形钺　3.长方形钺
4.亚腰形钺　5.有内形钺　6.胆形钺
7.钺安柄

图4　石钺及其安柄复原图

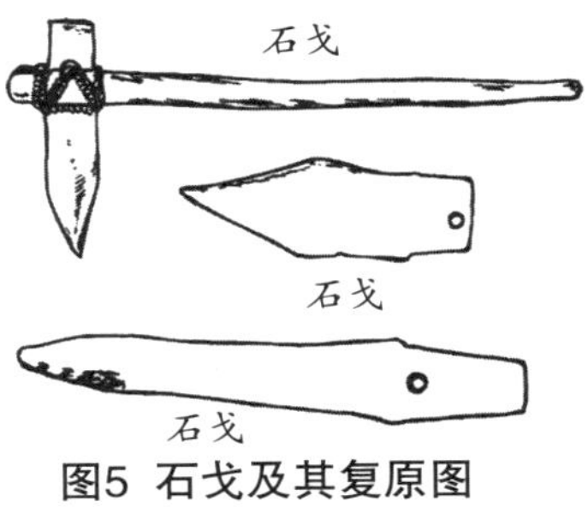

图5　石戈及其复原图

先秦主要战争述略

甘之战

这是一场发生在约4000年前的战争。禹作为华夏集团的首领，由于治水有功及伐三苗之战的胜利，声望和权力都达到了前所未有的高度。到了晚年，禹一方面按当时的禅让制度提名皋陶和伯益为自己的继承人选，另一方面则积极培植儿子启的势力。禹去世后，启便杀了伯益，自任首领，建立了中国历史上最早的奴隶制国家——夏朝。

启的举动遭到了旧势力的强烈反对，有扈氏便是其中的典型代表。夏启的军队与有扈氏的军队在甘（旧说在今陕西西安鄠邑区，后有考证说在河南郑州西或在洛阳西南）遭遇，展开激战。启进行了战场动员，历数有扈氏的罪恶，说明此次出征的目的和意义，并规定了战场纪律（这便是《尚书》中记载的《甘誓》）。经过动员，夏军士气高涨，很快击溃敌军，并乘胜追击，全歼了有扈氏的军队。

甘之战是奴隶制对原始部落制的胜利，标志着"家天下"政治制度的确立，同时也标志着我国古代战争形态已经成熟。

鸣条之战

夏朝建立400多年后，中国历史上第一位有名的暴君——桀，登上了君主的宝座。这位夏朝的末代君主骄奢淫逸，对广大民众和属国进行残酷的剥削和奴役。这时，兴起于今河北南部的商已经发展起来，成为足以与夏朝抗衡的强大方国。商汤是一位具有杰出领导才能的领袖，他任用伊尹为相，采取先弱后强的策略，逐步进攻周围夏朝的属国，势力范围逐渐扩大，灭夏的条件也渐趋成熟。

大约在公元前1600年，商汤举行了誓师仪式，率战车70乘、将士6 000人，会同各盟国的军队向夏朝发动进攻。双方激战于鸣条（今河南封丘东），夏军大败，夏桀率残部逃至南巢（今安徽巢湖），不久便忧病而死。伴随着夏朝的覆灭，新兴的商朝在铁血中诞生了。

谋攻篇

第二次世界大战以后，随着大规模杀伤性武器的出现，西方一些有识之士开始对充满暴力崇拜的西方传统军事理论进行深刻反思，而以《孙子兵法》为代表的中国传统兵学，恰好为这种反思提供了有益的借鉴。无论是英国战略家利德尔·哈特的“间接路线”战略，还是美国在越南战争后从“确保摧毁”到“确保生存”的战略转变，都脱胎于孙子“不战而屈人之兵”的“全胜”思想。这一思想即出自本篇。孙子在前两篇“庙算”运筹与战争准备的基础上，立足于“全胜”之说，深刻地揭示了战争的理想境界是“不战而屈人之兵”。若想通过非暴力手段迫使敌人降服，就要依靠高超的谋略攻敌，即“谋攻”。

✼ 原典

(一)是故百战百胜,非善之善[①]者也;不战而屈[②]人之兵,善之善者也。

【注释】①善之善:最好的。

②屈:使之降服。

【译文】所以,百战百胜,不是高明之中最为高明的;不经交战而使敌人屈服,才是高明之中最高明的。

(二)故上兵[①]伐谋[②],其次伐交[③],其次伐兵,其下攻城。

【注释】①上兵:最高明的用兵之法,最好的军事手段。

②伐谋:粉碎敌人的计谋。

③伐交:用外交手段去讨伐。

【译文】所以,最高明的用兵之法是挫败敌人的谋略,其次是挫败敌人的外交,再次是挫败敌人的军队,最下策的是攻破敌人的城邑。

(三)故用兵之法,十[①]则围之,五则攻之,倍[②]则分之,敌[③]则能战之,少则能逃[④]之,不若则能避[⑤]之。

【注释】①十:十倍于敌方的兵力。

②倍:比敌方兵力多一倍。

③敌:敌我兵力相等。

④逃:退却,不与敌人交战。

⑤避:隐蔽,免受攻击。

【译文】所以,用兵作战的原则是兵力十倍于敌军就包围他,兵力五倍于敌军就进攻他,兵力两倍于敌军就分散敌人兵力,兵力与敌军差不多就要敢于一战,兵力少于敌军就要能够摆脱他,兵力弱于敌军就要能够逃避他。

(四)故知[①]胜有五:知可以战与不可以战者胜,识众寡之用[②]者胜,上下同欲[③]者胜,以虞[④]待不虞者胜,将能而君不御[⑤]者胜。

【注释】①知:预料,判知。

②众寡之用:兵力多或少时的用兵之法。

③上下同欲:君臣将士意志统一,齐心合德。

④虞:预料,准备。不虞:即没有远见,缺乏准备。

⑤御:驾驭,这里引申为牵制、干预的意思。

【译文】所以,可以从以下五种情况预测战争胜负:知道可以作战或不可以作战的,能够取胜;懂得根据敌我双方兵力多少而配备兵力的,能够取胜;全军上下同心同德的,能够取胜;以自己的有准备对付敌人无准备的,能够取胜;将领有治军能力,而国君能不干预其指挥的,能够取胜。

✲ 要义

(一)"不战而屈人之兵"的"全胜"理念

孙子在《谋攻篇》开篇便提出了一组既对立又统一的军事学范畴:全与破。全,指不战而胜;破,指交战而胜。吴如嵩认为,《孙子兵法》中的"全",类似于孔子哲学的核心"仁"、老子哲学的核心"道",是贯串孙子军事思想的一条基本线索。

在孙子看来,能够在战场上百战百胜虽然也是不错的,但难免损兵折将、耗费国力,结果很可能是胜而不利,因此"非善之善者也"。如果能够做到"不战而屈人之兵",既能避免"用兵之害",又能尽获"用兵之利",实现"兵不顿而利可全"的理想目标,故为"善之善者也"。也就是说,孙子认为不仅要争取战争的胜利,而且要尽可能做到全胜;不仅要保全己方力量,而且也不以消灭敌人为目标,将战争可能给双方带来的破坏和灾难都降到最低。

(二)以谋攻敌的方式和选择

孙子虽然将"全胜"作为理想的战略追求,但是也清楚地认识到通过交战攻取才是战争的常态,因而又区分了 4 种具体的"谋攻"策略:"伐谋""伐交""伐兵""攻城"。

"伐谋",即破坏敌人的进攻谋略,打消敌人的战略企图。"伐谋"的实质就是当敌人正在计划中或者刚开始进行谋划时,便能窥破其谋,揭穿其谋,进而破坏其谋,从最高层次上击败敌人,实现己方全胜目的。无论是《六韬·军势》中所说的“善除患者，理于未生”，还是曹操所谓“敌始有谋，伐之易也”，“伐谋”都能瓦解敌人预谋，避免武力交战，是实现“不战而屈人之兵”的“全胜”战略理想的主要手段，故为上策。“伐交”，即通过分散、瓦解敌方外交或建立、巩固、扩大我方联盟的方式应对敌人。“伐交”既可以孤立、威慑敌方，又可以在不可避免的交战中减少己方的损耗，是一种较为接近“全胜”目的的策略。而在理想状态下，“伐交”也可以达到和“伐谋”同样的“全胜”目的。“伐兵”和“攻城”皆属下策。前者主要指野外交战，后者则指攻城拔寨，两者相较而言，后者需要耗费巨大的人力、物力和财力，是距离“全胜”战略目标最远的一种进攻策略。“攻城”繁杂的前期准备工作还需耗费大量时间，这也对将领的素质提出了严峻的考验，若将领不胜其忿，怒而兴师，极有可能带来灾难性的后果。

（三）用兵的基本规律和方法

其实，在现实战争中，“伐谋”“伐交”“攻城”都具有一定的特殊性，“伐兵”才是战场上最普遍的状态。那么，当敌我双方在战场上正面遭遇时，该如何采取措施攻击或应对敌军，从而做到有效“伐兵”呢？

在“全胜”的理想战略目标指导下，孙子认为在不得已而战的情况下，决不能死拼硬打，而是要尽力争取以最小的代价获得最大的胜利，即“破中求全”。“破中求全”的关键在于“识众寡之用”，即能够根据敌我兵力的对比，采取灵活的应对措施。孙子根据敌我军事实力的不同情况，提出了“围”“攻”“分”“战”“逃”“避”6种不同的应对策略。这6种策略都是建立在最大限度保存自己、消耗敌人的基本原则之上。反之，如果不顾敌我军力悬殊的客观现实，一味死拼固守，就会成为强大敌人的俘虏。“小敌之坚，大敌之擒”，这是孙子力求“破中求全”的一种警示。

(四)预测战争胜负的“知胜五道”

孙子认为，在“谋攻”时必须预先知道是否有取胜的把握。那么如何才能预知胜利？孙子总结全篇，提炼出5条著名的“知胜”论断：一要知道当面之敌是否可以与之战；二要知道敌我军力对比情况以及应该采取的不同方法；三要知道军心是否凝聚；四要知道准备是否充分；五要知道君主与将帅的关系是否协调。在此基础上，孙子还提出了“知彼知己，百战不殆”这一众所周知的至理名言。只有在战前就全面掌握敌情、我情，才有可能对双方的优劣长短进行综合比较，并据此制订战争方略。因此“知彼知己”也是“知胜”“谋攻”不可或缺的前提条件。

✲ 思考

(一)结合所学历史知识，思考在中外历史上还有哪些体现孙子“不战而屈人之兵”思想的经典战例，并说出这些战例在践行这一方略时有哪些异同。

(二)“知彼知己，百战不殆”这一经典军事思想在现实生活中有哪些实际应用？结合自己的亲身经历，谈谈你对这句话的理解。

❋ 延伸阅读

墨子救宋

公元前440年前后，楚国准备攻打宋国，并请工匠鲁班制造攻城的云梯等器械。墨子听到消息后非常着急，一面安排大弟子禽滑厘带领300名精壮弟子帮助宋国守城，一面亲自出马劝阻楚王。

墨子到达楚国郢都后，先找到鲁班，并在鲁班引荐下见到楚王。墨子说："现在有一个人，丢掉自己的彩饰马车，却想偷邻居的破车子；丢掉自己的华丽衣裳，却想偷邻居的粗布衣，这是个什么人呢？"楚王不假思索地答道："这个人一定有偷窃癖吧！"墨子趁机对楚王说："楚国方圆五千里，土地富饶，物产丰富，而宋国疆域狭窄，资源贫困。两相对比，正如彩车与破车、锦绣与破衣。大王攻打宋国，这不正如偷窃癖者一样吗？如攻宋，大王一定会丧失道义，并且一定会失败。"

楚王心有不甘，借鲁班已造好攻城器械为由，拒绝放弃攻宋的决定。墨子当即与鲁班在楚王面前演习攻与守的战阵。鲁班组织了多次进攻，皆被墨子击破。鲁班攻城器械用尽，墨子守城器械还有剩余。鲁班认输后故意说："我知道怎么赢你，可我不说。"墨子答道："我知道你如何赢我，我也不说。"楚王莫名其妙，问："你们说的是什么?”墨子义正词严地说:“他以为杀了我,宋国就守不住,但是我早已布置好,我的大弟子禽滑厘能代替我用墨家制造的器械指挥守城,同宋国军民一起严阵以待。即使杀了我,你也无法取胜!”这番话,让楚王认识到自己攻宋的战略目标确实难以实现,最终放弃了攻打宋国的计划。

墨子凭借自己缜密的思维和巧妙的论辩,成功打消了楚王攻宋的念头,生动地践行了孙子“不战而屈人之兵”的全胜战略。

北平和平解放

解放战争时期,人民解放军就曾成功运用“不战而屈人之兵”的思想和平解放北平。1948 年 11 月,辽沈战役结束后,中央军委命东北野战军挥师南下,以百万之师进逼平津。毛主席深知,北平是中国的古都,更是中华民族灿烂文化的象征,必须加以保护。

此时占据着东起山海关、西至张家口狭长地带和平津地区的正是国民党军傅作义集团。这是一支实力雄厚的劲旅,总兵力 52 万余人,装备精良。为了和平解放北平,中央军委决定先打张家口,再打天津,对北平围而不打。1949 年 1 月 14 日,东北野战军 22 个师仅用 40 分钟就突破了国民党守军号称“固若金汤”的天津城防,次日便解放天津。天津解放后,孤守北平的傅作义部顿时陷入绝境。

最终,在人民解放军兵临城下的震慑下,在北平地下党的耐心劝说和北平许多开明人士的敦促下,傅作义接受了解放军提出的和平条件,并于 1949 年 1 月 21 日签订了《关于和平解决北平问题的协议》。31日,人民解放军浩浩荡荡进驻北平城,北平宣告和平解放,平津战役胜利结束。

❇ 原文

孙子曰:凡用兵之法,全国为上,破国次之;全军为上,破军次之;全旅为上,破旅次之;全卒为上,破卒次之;全伍为上,破伍次之。是故百战百胜,非善之善者也;不战而屈人之兵,善之善者也。

故上兵伐谋,其次伐交,其次伐兵,其下攻城。攻城之法为不得已。修橹轒辒,具器械,三月而后成;距闉,又三月而后已。将不胜其忿而蚁附之,杀士三分之一而城不拔者,此攻之灾也。

故善用兵者,屈人之兵而非战也,拔人之城而非攻也,毁人之国而非久也,必以全争于天下,故兵不顿而利可全,此谋攻之法也。

故用兵之法,十则围之,五则攻之,倍则分之,敌则能战之,少则能逃之,不若则能避之。故小敌之坚,大敌之擒也。

夫将者,国之辅也。辅周则国必强,辅隙则国必弱。

故君之所以患于军者三：不知军之不可以进而谓之进，不知军之不可以退而谓之退，是谓縻军；不知三军之事而同三军之政者，则军士惑矣；不知三军之权而同三军之任，则军士疑矣。三军既惑且疑，则诸侯之难至矣，是谓乱军引胜。

故知胜有五：知可以战与不可以战者胜，识众寡之用者胜，上下同欲者胜，以虞待不虞者胜，将能而君不御者胜。此五者，知胜之道也。

故曰：知彼知己者，百战不殆；不知彼而知己，一胜一负；不知彼不知己，每战必殆。

□ 译文

孙子说：大凡用兵的原则是使敌人举国屈服，不战而降是上策，用武力击破敌国就次一等；使敌人全军降服是上策，打败敌人的军队就次一等；使敌人一个旅的队伍降服是上策，击破敌人一个旅就次一等；使敌人全卒降服是上策，打败敌人一个卒的队伍就次一等；使敌人全伍投降是上策，击破敌人的队伍就次一等。所以，百战百胜，不是高明之中最为高明的；不经交战而使敌人屈服，才是高明之中最高明的。

所以，最高明的用兵之法是挫败敌人的谋略，其次是挫败敌人的外交，再次是挫败敌人的军队，最下策的是攻破敌人的城邑。攻城是没有办法的办法，万不得已时才使用。制造大盾牌和四轮车，准备各种攻城器械，需要花费三个月的时间；构筑攻城的土山又要三个月。如果将领难以抑制焦躁情绪，命令士兵像蚂蚁一样爬墙攻城，尽管士兵死伤三分之一，而城池却依然没有攻下，这就是攻城带来的灾难。

因此，善于用兵打仗的人，不通过打仗就使敌人屈服，不通过攻城就使敌人开城投降，摧毁敌国不需长期作战，一定要用“全胜”的策略争胜于天下，从而既不使国力、兵力受挫，又获得了全面胜利的利益，这就是谋攻的方法。

所以，用兵作战的原则是兵力十倍于敌军就包围他，兵力五倍于敌军就进攻他，兵力两倍于敌军就分散敌人兵力，兵力与敌军差不多就要敢于一战，兵力少于敌军就要能够摆脱他，兵力弱于敌军就要能够逃避他。所以弱小的军队顽固硬拼，就会变成强大敌军的俘虏。

将帅是辅佐国家的。辅佐得缜密周详，则国家必然强大；辅佐得疏漏失当，则国家必然衰弱。

所以国君对军队造成的危害有三种情况：不知道军队不可以前进而下令前进，不知道军队不可以后退而下令后退，这叫作束缚军队；不知道军队的战守之事、内部事务而参与和干涉三军之政，将士们会无所适从；不知道军队战略战术的权宜变化，却干预军队的指挥，将士们就会疑虑。军队既无所适从，又疑虑重重，诸侯就会趁机兴兵作难，这就会自乱其军，坐失胜机。

所以，可以从以下五种情况预测战争胜负：知道可以作战或不可以作战的，能够取胜；懂得根据敌我双方兵力多少而配备兵力的，能够取胜；全军上下同心同德的，能够取胜；以自己的有准备对付敌人无准备的，能够取胜；将领有治军能力，而国君能不干预其指挥的，能够取胜。这五条，是预知胜利的方法。

所以说：了解对方也了解自己，每一次战斗都不会失败；不了解对方但了解自己，胜负的概率各占一半；既不了解对方又不了解自己，每战必败。

先秦时期主要射远兵器简介

弓　主要由弓臂和弓弦两个部分组成，通过拉弦张弓过程中所积聚的力量在瞬间释放，把弓弦上的箭或弹丸射出。弓箭在原始社会就已经被使用。到了青铜时代，弓箭已经是战争的重要武器。春秋战国时期，弓箭被列为兵器之首，是贵族子弟从小就要学习的"六艺"之一。

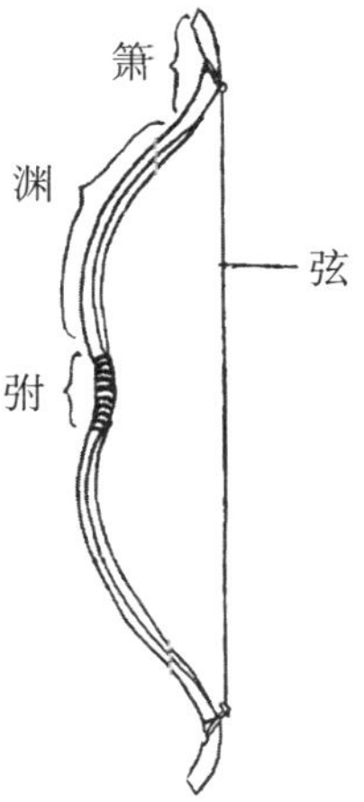

图1　弓的构造

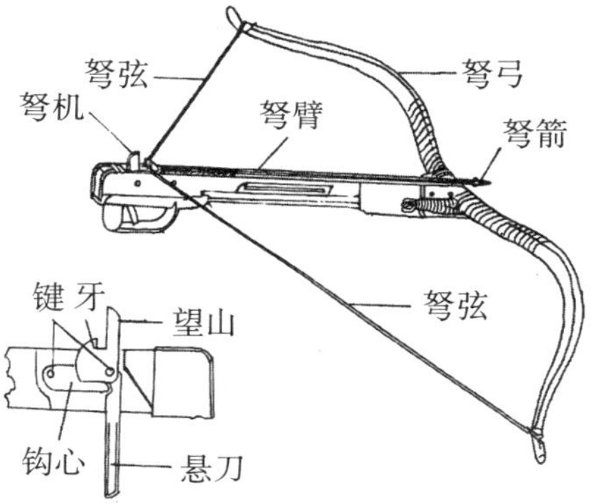

图2　弩和弩机的构造

弩　由弓直接发展而来的射远兵器。弩的结构可以分为 3 个部分：臂、弓、机。"臂"一般为木制；"弓"横于臂前部；"机"装在臂偏后的地方。弩臂用以承弓、撑弦，弩机控弦、发射。它的基本特点是把张弦安箭和释弦射箭分解开，既方便了射手，又提高了命中精度并增大了射程。

先秦主要战争述略

牧野之战

商朝建立后，经过盘庚迁都、武丁中兴等重大历史事件，开始由盛转衰。帝辛（即商纣王）继位，各种矛盾空前激化，商朝已处于行将灭亡的边缘。而这时，生活在岐山脚下的周族则勃然兴起，成为西方一个强大的方国。姬昌（即周文王）采纳姜尚（即姜太公）的建议，制订了“韬光养晦、秘密发展、剪除羽翼、兴周灭商”的方针。经过多年的努力，周的影响已扩张到江淮流域，形成了“三分天下有其二”的有利局面。

姬昌死后，其子姬发继位，是为周武王。大约在公元前 1046 年，周武王亲率兵车 300 乘、虎贲 3 000 人、甲士 45 000 人，会同各路诸侯的军队，向商朝发动了进攻。这时商军主力尚在东征战场，于是商纣王便将大批奴隶与战俘武装起来，与留守都城朝歌（今河南淇县）的军队共 17 万人，迎战周军。

其后，双方战于朝歌西南的牧野。双方开始交战，被迫参战的奴隶和战俘便纷纷倒戈，为周军开路。武王于是指挥大军展开了全面进攻。商军很快土崩瓦解，纣王率残兵败将逃回朝歌，当晚自焚于鹿台之上。

牧野之战后，武王分兵四路，肃清商朝残余势力和散布各地的商属诸侯，基本上控制了原商属地区，成为天下共主。

繻葛之战

平王东迁后，周天子虽然仍是名义上的天下共主，但实力已大不如前，无力再在真正意义上号令诸侯，一个群雄崛起、竞相争霸的春秋时代来临了。公元前 707 年，周桓王以郑庄公不来朝觐为由，亲率周军及征调而来的陈、蔡、卫等诸侯国军队，大举伐郑。双方战于繻葛（今河南长葛北）。

在战术上，郑军结成“鱼丽阵”，改善了以往车兵与步兵难以协调配合的状况。在军力部署上，鉴于周军主力集中于中军，而实力较弱的诸侯国军队则分别配置于左右两军的情况，郑军摆出了一个倒“品”字的阵形，将主力置于最先接战的两翼。作战开始，周联军的两翼很快便被击溃，而中军主力受溃兵影响而阵势大乱。在郑军的攻击下，周桓王身受箭伤，遂下令撤出战斗。

繻葛之战使周天子威信扫地，西周以来“礼乐征伐自天子出”的局面一去不复返。

形　篇

《形篇》主要阐述了军事实力与战争胜负的关系。所谓“形”，在这里指军事实力及其外在表现。本篇全面而系统地论述了军事实力在战争中的地位和作用，以及军事实力运用的原则和实力建设的方法、途径等诸多问题。具体地说，“先为不可胜”“胜兵先胜而后求战”是实力政策，“守则不足，攻则有余”是对实力的战略运用，“修道而保法”是发展军事实力的基本原则，而“善战者之胜也，无智名，无勇功”“胜于易胜”则是实现实力政策所要达到的上乘境界。军事实力是军队综合战斗力的具体表现，也是战争的物质基础。在战争中，计谋固然占有举足轻重的地位，但从根本上讲，强大的军事实力才是真正决定战争胜负的关键因素。

✲ 原典

(一)昔之善战者,先为不可胜①,以待敌之可胜②。

【注释】①先为不可胜:首先要使自己不被敌人战胜。为:造成。

②以待敌之可胜:等待敌人可能被我战胜的时机。

【译文】过去善于用兵作战的人,总是首先做到自己不会被敌人战胜,然后等待可以战胜敌人的时机。

(二)不可胜者,守也①;可胜者,攻也②。

【注释】①不可胜者,守也:使自己不被敌人战胜,关键在于防守得当。

②可胜者,攻也:要想战胜敌人,则关键在于进攻得当。

【译文】要使自己不被敌人战胜,在于防守得当;要想战胜敌人,在于进攻适时。

(三)古之所谓善战者,胜于易胜者①也。故善战者之胜也,无智名,无勇功②,故其战胜不忒。

【注释】①易胜者:容易被战胜的敌人。

②无智名,无勇功:不显示智谋的名声和勇武的战功。

【译文】古时候所谓善于用兵的人,只是战胜那些容易被取胜的敌人。所以善于用兵的人取得胜利,并不显露智谋的名声和勇武的战功，是因为他们在打胜仗获胜时不会出差错。

（四）故善战者，立于不败之地，而不失敌之败也。是故胜兵[①]先胜[②]而后求战，败兵先战而后求胜。

【注释】①胜兵：取胜的军队。

②先胜：先创造取胜的条件。

【译文】所以善于用兵的人，总是使自己立于不败之地，同时不放过任何可以战胜敌人的机会。因此，打胜仗的军队总是先去创造胜利的条件，而后才去与敌人交战；而打败仗的军队，总是先贸然与敌人交战，而后企求侥幸取胜。

（五）善用兵者，修道而保法[①]，故能为胜败之政[②]。

【注释】①修道而保法：指修明政治并且遵循法度。修道：一说修不被敌所胜之道，一说修明政治。保法：一说确保胜敌之法度，一说确保法制的实行。

②故能为胜败之政：所以能够主宰胜败。政，这里指主宰战争的胜负。

【译文】善于用兵的人，要修明不被敌所胜之道，确保胜敌之法度，所以能够掌握胜败的决定权。

（六）故胜兵若以镒称铢[①]，败兵若以铢称镒。

【注释】①镒、铢：都是古代的重量单位。一镒等于二十四两，一两等于二十四铢。按此换算，一镒等于五百七十六铢，二者轻重悬殊。

【译文】因此,胜利的军队与失败的军队相比,就像以镒来称铢一样处于绝对优势;失败的军队与胜利的军队相比,就像以铢称镒那样处于绝对劣势。

(七)胜者之战民[①]也,若决积水于千仞[②]之谿[③]者,形[④]也。

【注释】①战民:指挥士卒作战。民:这里指士卒。

②千仞:非确数,用以形容极高。仞:古代长度单位。

③谿:同"溪"。

④形:此处指的是军事实力。

【译文】胜利者指挥士卒作战,就像在千丈高处决开山涧中的积水一样势不可挡,这就是表现为军事实力的"形"。

✲ 要义

(一)军事实力与战争胜负的关系

本篇通篇都在阐述军事实力的重要性、军事实力的建设和运用等,可见孙子对军事实力的重视,而这些都是基于他对军事实力与战争胜负关系的深刻认识。在他看来,战争胜负必须依赖强大的军事实力,"先为不可胜"靠的是实力,"胜兵先胜而后求战"靠的同样是实力。战争中,只有具备一定的军事实力才有资格追求胜利,只有先使自己立于不败之地才有可能战胜敌人。人们常常谈论战争中实力和谋略何者作用更大的问题,事实上,一切谋略都是建立在实力基础之上的。没有一定的实力,谋略的运用则成了无源之水。

(二)军事实力的建设和运用

关于军事实力的建设，孙子从君将立场出发，主要提出了“修道而保法”的战略举措。核心就是修明政治，确保法制，为国家发展和实力的积蓄奠定坚实的政治基础和法制保障，同时调动普通士卒和广大民众的积极性，从而“能为胜败之政”。

关于军事实力的运用，孙子认为，一方面要对敌我双方的实力进行认真的综合对比与分析，并在此基础上预见胜负。由此，他提出了综合对比双方军事实力的具体标准：“度”“量”“数”“称”“胜”。另一方面，为将者要根据战场情势的变化，采取适当的攻守策略，主动灵活地打击敌人，顺利实现敌我军事实力对比的转化，确保战场上的实力优势。通过以上诸方面的运筹，孙子力求将军事实力的效能充分地发挥出来，就像“决积水于千仞之豁”，进而争取或实现“自保而全胜”。

✲ 思考

(一)如何正确理解孙子“先为不可胜，以待敌之可胜”的思想？你能举一个生活实例进行说明吗？

(二)如果你是一支军队的统帅，结合孙子关于实力建设的相关论述，谈谈你会如何进行实力建设，这对你的学习和成长有何启示。

✲ 延伸阅读

孟良崮战役

孟良崮战役是解放战争期间，陈毅、粟裕指挥华东野战军在沂蒙山区进行的一次大规模运动战和阵地战相结合的重大战役。1947 年初莱芜战役以后，国民党为实施重点进攻计划，在山东战场上集中了 24 个整编师，60 个旅，约 45 万人，吸取了以往分路进攻常被分割歼灭的教训，决定采取集中兵力、密集靠拢、稳扎稳打、齐头并进的战法。华东野战军在山东的兵力有 9 个步兵纵队和1 个特种兵纵队，约 27 万人，与国民党军兵力 45 万相比居于劣势。

孟良崮战役前夕，华东野战军在鲁南、鲁中地区主动出击，实行高度机动回旋，力求调动敌人，捕捉战机。但除了 4 月下旬在泰安歼灭敌第七十二师主力，其余大量歼敌的计划均未实现。原因是敌人接受了屡次被歼的教训，改变了战法，不轻易被调动。针对敌军这一心理，中央军委和毛泽东在给陈、粟电报中指出："敌军密集不好打，忍耐待机，处置甚妥，只要有耐心，总有歼敌机会。"指示华东野战军进一步向东北方向后退，诱敌深入，相机歼敌。根据中央指示，华东野战军主力实施迷惑敌人战术，使蒋介石、陈诚心理上产生错误判断，他们误认为华东野战军"攻势疲惫"，可能继续向东北方向的淄川、博山方向撤退。这样一来，就削弱了敌人的戒备心理,促使敌军冒进。尤其是南线的第一兵团司令官汤恩伯贸然改变稳扎稳打的战法,不待第二、三兵团统一行动,即以整编第七十四师为主,整编第二十五、第八十三师在左右两翼配合,自蒙阴东南的垛庄东西地区北犯。

粟裕认为国民党军采用中间突破的方式,直接攻击华东野战军总部,来势凶猛。虽然总体上华东野战军仍处劣势,但整编第七十四师正处于华东野战军正面,不需过多调整,即可在局部对整编第七十四师形成5∶1的兵力优势。数月来苦寻的战机就在眼前!一夜之间,华东野战军5个纵队像汹涌的怒涛一样将整编第七十四师淹没在重重包围圈之中。而在外围,国民党军又以10个整编师(军)包围华东野战军,孟良崮战场上呈现出不同寻常的态势。如果华东野战军不能在预定的短时间内歼灭整编第七十四师,则有被国民党军围歼的巨大危险。粟裕命令各纵队"集中力量歼灭七十四师,宁可放走二十五师全部,不能放走七十四师一个连"。经过3天激战,华东野战军终于攻克大崮顶,击毙整编第七十四师师长张灵甫,全歼整编第七十四师和第八十三师1个团,总计32 000人。5月17日,毛泽东特发贺电:"歼灭七十四师,付出代价较大,但意义极大。"

这一战役的胜利,是在诱敌深入、持重待机,最大限度地集中兵力于能应对之敌这一指导思想下取得的。这恰好体现了《孙子兵法·形篇》里的"昔之善战者,先为不可胜,以待敌之可胜"这一战略思想。

苏德战争

苏德战争，即第二次世界大战中苏联与纳粹德国之间进行的战争，是世界反法西斯战争的重要组成部分，也是第二次世界大战中规模最庞大、战况最激烈、伤亡最惨重的战争。

1941 年 6 月 22 日，德国撕毁《苏德互不侵犯条约》(《莫洛托夫—里宾特洛甫条约》)，伙同仆从国匈牙利、罗马尼亚、芬兰，以事先拟订好的一份代号为"巴巴罗萨"的计划，集结了 190 个师 550 万人、4 900 架飞机、3 700 辆坦克、47 000 门大炮、190 艘军舰，划分为 3 个集团军群，从北方、中央、南方 3 个方向以闪击战的方式对苏联发动突然袭击：北路直指十月革命的发祥地列宁格勒(今圣彼得堡)，中路的目标是苏联首都莫斯科，南路则扑向盛产粮食、煤炭和石油的基辅、哈尔科夫和顿巴斯，至此，苏德战争全面爆发。

战争爆发初期，由于法西斯的突然袭击，苏军一路溃败。德军凭借局部兵力优势和相对先进的战术长驱直入，并在明斯克、基辅等地发动钳形攻势，大规模歼灭苏军的有生力量，平均深入苏联境内 600 千米。入侵后 1 个月，德军占领的苏联领土相当于法国领土的两倍。

至 1942 年 6 月斯大林格勒会战爆发，德军进攻受挫，双方在乌克兰东部陷入胶着，互有胜负。苏军凭借人力物力上的优势逐渐占据主动，于1943年8月在库尔斯克会战中挫败德军在东线最后一次战略攻势，自此进入战略反攻阶段。此后，苏军发动一系列战略攻势，收复绝大部分国土，进而占领东欧多国，最终于1945年5月2日攻占德国首都柏林。

战争之初的苏联，因缺少积极而有效的防御，做不到孙子所谓的“立于不败之地”而大吃苦头。幸运的是，他们做到了“不可胜者，守也”，后期坚固又顽强的防御，强大的工业生产能力，以及源源不断的装备和兵员，实现了敌我双方优势的转化，最终使他们反败为胜，赶跑了侵略者。

✻ 原文

孙子曰：昔之善战者，先为不可胜，以待敌之可胜。不可胜在己，可胜在敌。故善战者，能为不可胜，不能使敌之可胜。故曰：胜可知而不可为。

不可胜者，守也；可胜者，攻也。守则不足，攻则有余。善守者藏于九地之下，善攻者动于九天之上，故能自保而全胜也。

见胜不过众人之所知，非善之善者也；战胜而天下曰善，非善之善者也。故举秋毫不为多力，见日月不为明目，闻雷霆不为聪耳。古之所谓善战者，胜于易胜者也。故善战者之胜也，无智名，无勇功，故其战胜不忒。不忒者，其所措必胜，胜已败者也。故善战者，立于不败之地，而不失敌之败也。是故胜兵先胜而后求战，败兵先战而后求胜。善用兵者，修道而保法，故能为胜败之政。

兵法：一曰度，二曰量，三曰数，四曰称，五曰胜。地生度，度生量，量生数，数生称，称生胜。故胜兵若以镒称铢，败兵若以铢称镒。胜者之战民也，若决积水于千仞之谿者，形也。

□ **译文**

孙子说：过去善于用兵作战的人，总是首先做到自己不会被敌人战胜，然后等待可以战胜敌人的时机。使自己不被敌人战胜，主动权掌握在自己手中；而要战胜敌人，则在于敌人是否给以可乘之机。所以，善于用兵的人，能创造条件不被敌人战胜，但不能使敌人一定会被我所战胜。因此说，胜利可以预见，但在条件不具备的情况下却不能强求。

要使自己不被敌人战胜，在于防守得当；要想战胜敌人，在于进攻适时。采取防守，是由于我方兵力不足；采取进攻，则是由于我方兵力充裕。善于防守的人，隐蔽自己的行动像深藏于地下；善于进攻的人,行动时像自九霄而降。因此,既能保全自己,又能夺取完全的胜利。

能预见胜利但不超出一般人的见识,不是高明中最高明的;经过交战而取胜,天下人都说好,也不是高明中最高明的。这就如同能举起秋毫之重的东西算不上力大,能看见日月算不上眼明,能听见雷声算不上耳灵一样。古时候所谓善于用兵的人,只是战胜那些容易被取胜的敌人。所以善于用兵的人取得胜利,并不显露智谋的名声和勇武的战功,是因为他们在打胜仗获胜时不会出差错。之所以不会出差错,是因为他们的作战措施建立在确有把握的基础上,战胜的是已经处于失败地位的敌人。所以善于用兵的人,总是使自己立于不败之地,同时不放过任何可以战胜敌人的机会。因此,打胜仗的军队总是先去创造胜利的条件,而后才去与敌人交战;而打败仗的军队,总是先贸然与敌人交战,而后企求侥幸取胜。善于用兵的人,要修明不被敌所胜之道,确保胜敌之法度,所以能够掌握胜败的决定权。

兵法上说用兵的原则有五条:一是"度",即要估算土地的面积;二是"量",即要推算物产数量的多少;三是"数",即要统计兵员的数量;四是"称",即要比较双方的军事实力;五是

"胜",即要得出胜负的判断。由于双方所处地域的差异,产生土地幅员"度"的不同;由于地域幅员的差异,产生物资资源"量"的不同;由于物资资源的差异,产生兵力众寡"数"的不同;由于兵力数量的差异,产生军事实力强弱"称"的不同;由于军事实力的强弱,决定战争的胜败。因此,胜利的军队与失败的军队相比,就像以镒来称铢一样处于绝对优势;失败的军队与胜利的军队相比,就像以铢称镒那样处于绝对劣势。胜利者指挥士卒作战,就像在千丈高处决开山涧中的积水一样势不可挡,这就是表现为军事实力的"形"。

先秦时期主要射远兵器简介

箭 又称矢、镝，由镞、杆、羽、栝四部分组成。镞为箭头，锋利有刃。杆是主干。羽在尾部，稳定飞行状态。栝在杆的底部中央，用于扣弦瞄准。

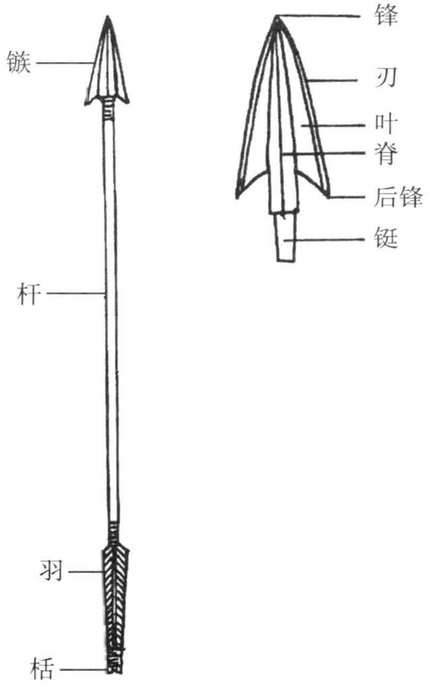

图1 箭和镞的构造

图2 简单的标枪

标枪 一种狩猎的工具和作战的射远兵器。除了以石、金属等做枪，还有直接以竹木削尖做成的，有的敷毒于枪尖。

先秦时期，双方激战时往往先发矢射远，继以标枪互掷，然后战车冲锋，最后短兵相接。

先秦主要战争述略

长勺之战

公元前 684 年，继位不久的齐桓公不顾管仲等人的反对，出兵伐鲁。鲁庄公在曹刿的陪同下率军迎敌，双方在长勺（今山东莱芜）摆开了战场。齐军首先发动进攻。鲁庄公欲下令擂鼓迎击，被曹刿劝阻。齐军连续三次出击，都在鲁军的严密防御下遭到了挫败，士气和战斗力都开始下降。曹刿见时机成熟，遂建议擂鼓进击。士气高昂的鲁军将士奋勇冲杀，一鼓作气，大败齐军。

长勺之战是一场以弱胜强的著名战役，体现了曹刿杰出的军事指挥才能，同时它也是一次对春秋历史走向有重要影响的战役。此战使头脑发热的齐桓公终于清醒过来，开始把精力转移到内政上来。在管仲的主持下，齐国进行了经济、政治、军事等多方面的改革，国力得以迅速提升。此后，齐桓公打着“尊王攘夷”的旗号，北抗戎狄，南服楚国，赢得了中原各诸侯国的拥护和支持，成就了辉煌的霸业。

泓水之战

公元前 638 年，宋襄公联合卫、许、滕三国出兵伐郑。郑国自知无力与联军对抗，遂向楚国求救。这对于一心想称霸中原的楚成王来说，可谓正中下怀。楚国大军北上增援的消息传来，宋襄公匆忙撤军，退回宋国本土，而这时的楚军已经调转兵锋，直扑宋国而来。

楚军到达泓水（今河南柘城县北）南岸后，开始组织力量涉水渡河。宋国大司马公孙固鉴于楚强宋弱的形势，建议乘楚半渡之际发起攻击，结果却遭到满脑子旧军礼信条的宋襄公的断然拒绝。楚军渡河后，公孙固又建议乘楚军布阵未成、军队混乱之际发动攻击，同样被宋襄公以“不鼓不成列”的理由拒绝。结果可想而知，宋军大败，伤亡惨重。宋襄公本人身受重伤，在公子目夷等人的拼死保护下才逃回都城商丘。不久，宋襄公带着他满脑子的信条离开了人世，而宋国的霸业梦也随之烟消云散。

势 篇

《势篇》与《形篇》，可以说是《孙子兵法》中的姊妹篇。“形”与“势”相辅相成，密不可分。那么什么是“势”呢？孙子说：“善战人之势，如转圆石于千仞之山者，势也。”即善于用兵作战的人所造成的有力态势，就好像把圆石从千丈高峰滚落下来一样。也就是说，“势”是通过发挥人的主观能动性，将军事实力充分发挥出来，以赢得战争的胜利。从哲学角度看，“形”为运动的物质，“势”为物质的运动。那么，孙子是如何造“势”的呢？就让我们一起走进《势篇》，感受其无穷魅力吧！

✲ 原典

(一)凡治众如治寡[①],分数[②]是也;斗众[③]如斗寡,形名[④]是也;三军之众,可使毕[⑤]受敌而无败者,奇正[⑥]是也;兵之所加,如以碫投卵[⑦]者,虚实[⑧]是也。

【注释】①众、寡:这里指军队人数的多与少。

②分数:军队的组织编制。

③斗众:指挥人数多的军队作战,使动用法。

④形名:泛指指挥军队作战的工具及联络信号,如金、鼓、旌、旗之类。形:指目之所见者。名:指耳之可闻者。

⑤毕:即使,一旦。

⑥奇正:古代兵法中的重要术语,含义颇广。在兵力部署上,正面受敌者为正,机动突击者为奇;在作战方式上,正面攻击为正,迂回侧击为奇;按一般原则作战为正,采取特殊方法为奇;等等。此处指用正兵当敌,用奇兵取胜,二者配合使用。

⑦以碫投卵:拿坚硬的石头去砸禽蛋。这里比喻以实击虚。碫:磨刀石,这里泛指石头。

⑧虚实:古代兵法中的重要术语,指兵力的集中和分散。一说指军事实力上的强弱、优劣等。

【译文】治理大军团就像治理小部队一样有效，是依靠合理的组织、结构、编制；指挥大军团作战就像指挥小部队作战一样到位，是依靠明确、高效的信号指挥系统；整个部队与敌对抗而不会失败，是依靠正确运用奇、正的变化；攻击敌军，如同用石头砸鸡蛋一样容易，关键在于以实击虚。

（二）凡战者，以正合①，以奇胜。

【注释】①合：合战、交战。

【译文】大凡作战，都是以正兵做正面交战，而用奇兵去出奇制胜。

（三）战势①不过奇正，奇正之变，不可胜穷也。奇正相生②，如循环之无端③，孰能穷之④？

【注释】①战势：作战形势。

②奇正相生：奇正之间的相互依存和转化关系。这里强调的是奇正的统一性问题。相生：相互转化。

③循：顺着、沿着。环：圆环。无端：没有尽头。

④孰：何、谁。之：指代奇正的变化。

【译文】战争中军事实力的运用不过奇、正两种，而奇、正的组合变化，永远无穷无尽。奇正相生、相互转化，就好比圆环旋绕，无始无终，谁能穷尽呢？

(四)是故善战者,其势险,其节短。势如彍弩[①],节如发机[②]。

【注释】①彍(guō)弩:拉满待发的弓弩。彍:把弓拉满。

②发机:击发弩机,将箭射出。机:弩机,古代兵器弩的机件,类似枪的扳机。

【译文】所以善于作战的指挥者,他所造成的态势是险峻的,进攻的节奏是短促有力的。所造成的"势险"就如同满弓待发的弩那样险峻,进攻的节奏正如击发弩机那样突然。

(五)故善动敌者,形之[①],敌必从之;予之,敌必取之。以利动[②]之,以卒[③]待之。

【注释】①形之:以假象迷惑敌人。

②动:调动。

③卒:这里指重兵。

【译文】所以善于调动敌军的人,向敌军展示一种或真或假的军情,敌军必然会为其所骗;给予敌军一点实际利益作为诱饵,敌军必然趋利而来,从而听我调动。一方面用小利调动敌军,另一方面要部署重兵严阵以待。

(六)故善战者,求之于势,不责[①]于人,故能择人而任势[②]。

【注释】①责:责任,苛求。

②择人而任势:选择适宜的人才,充分驾驭形势。

【译文】所以善战者追求形成有利的"势",而不是去苛求部属,因而能选择适宜的人才去利用已形成的"势"。

✻ 要义

《势篇》主要论述在强大的军事实力基础上,充分发挥将帅的作战指挥才能,积极创造和运用有利的作战态势,出奇制胜地打击敌人,夺取战争的胜利。在本篇中,孙子提出的"势"要具备以下三个方面的条件:

(一)军队要有完善健全的体制编制

军队的体制编制是造势的前提之一。一支军队如果没有合理健全的管理体制编制,无论有多少兵力也无法发挥出强大的战斗力。孙子说:"治众如治寡,分数是也。"军队是一个特殊的群体,执行的是特殊的任务,只有体制编制完善健全,加上严格的纪律约束,才能使军令畅通,全军上下行动一致。军队的体制编制并不是一成不变的,而是随着时代发展、战争演进等因素不断进步的,只有适应形势发展的军事体制才是最有生命力的。

(二)奇正战法的灵活运用

战术的灵活运用,是造"势",也是任"势"的关键。关于奇正战法,孙子用精辟的语言揭示了"奇正"的基本含义:凡开展军事行动，无论是进攻还是防御，在兵力使用上，要用正兵当敌，奇兵制胜，“凡战者，以正合，以奇胜”。在战术变换上，则要做到奇正相生、奇正相变、虚实莫测、变化无端。在孙子看来，军事指挥官如果能根据战场情势灵活运用和变换奇正战法，做到战术运用上正面交锋与侧面攻击相结合，兵力使用上正兵当敌与奇兵制胜互补，那么就算是真正领会了用兵的奥妙。

（三）把握“示形动敌”的要旨

“示形动敌”中“示形”是关键，最为考验指挥官的能力。所谓“示形”，就是欺骗和伪装，把虚假的形势展现给敌人，从而调动敌人。孙子指出，“示形动敌”必须具备一定的条件，这个条件就是自己要做到组织编制严整，将士素质优良，整体实力强大，即“乱生于治，怯生于勇，弱生于强。治乱，数也；勇怯，势也；强弱，形也”。在这个基础上，指挥官才能发挥主观能动性，制造假象迷惑敌人，施以诱饵调动敌人，然后集中优势兵力伺机攻击敌人，从而达到出奇制胜的目的。

✲ 思考

（一）在孙子看来，奇正的变化就像圆环一样，无始无终，难以穷尽，其运用的关键在于出奇。结合日常生活和学习，谈谈奇正思想对你有哪些启示。

(二)结合本篇内容,谈谈孙子的造"势"思想对你做事有何启发。

✲ 延伸阅读

明修栈道,暗度陈仓

公元前206年,刘邦被封为汉王后,率军就国,张良送行。途中,刘邦接受张良的计策,把一路走过的几百里褒斜栈道全部烧毁。刘邦烧绝栈道的事被项羽、章邯知道后,他们心中大喜,料想刘邦不会东出,便放松了对刘邦的警惕。

之后,韩信派樊哙、周勃率领老弱病残10 000余人,去修复褒谷口的褒斜栈道,修筑进展缓慢。樊哙等人修筑栈道的消息传到关中,雍王章邯知道后,自以为掌握了汉军动向,不以为意。然而,章邯不知道的是,在汉军修复栈道的同时,韩信和刘邦统率10万大军,悄悄地绕过褒水,日夜暗行。当韩信的精锐部队神不知鬼不觉地到了陈仓(今陕西宝鸡),进入关中平原的时候,章邯才知中了韩信声东击西之计,慌忙应战,却已经来不及了。汉军多路进攻,一举平定了雍、塞、翟三秦大地,为日后刘邦打败项羽开辟了新的根据地。

此战,汉军灵活用兵,声东击西,一方面在正面佯装修复栈道,另一方面则悄悄地调兵遣将，出奇制胜，可谓生动地践行了孙子“凡战者，以正合，以奇胜”以及“示形动敌”的思想。

诺曼底登陆前的战略造势

诺曼底登陆，代号“霸王行动”，是第二次世界大战中盟军在欧洲西线战场发起的一场大规模攻势。诺曼底战役是目前为止世界上最大的一次海上登陆作战，使第二次世界大战的战略态势发生了根本性变化。为了保障登陆成功，战前盟军进行了精密的策划和造势，成功地骗过了德国的情报部门。

当时的登陆掩护计划，主要从 5 个方面展开，包括窃取情报、反间谍和保密、敌后方行动、政治宣传战和心理欺骗。其中心理欺骗是整个掩护计划中的重头戏，也是一切行动中最为机密的一项。为欺骗敌军，使他们相信登陆地点是加来，盟军虚构了以多佛为基地的第一集团军群，其编制比蒙哥马利的第二十一集团军群还大，并任命巴顿为该集团军群总司令。盟军通过海军、空军卓有成效的佯动，成功运用了双重特工、电子干扰以及在英国东南部地区伪装部队及船只的集结等一系列措施，再加上严格的保密措施，使德军统帅部在很长时间里对盟军登陆地点、时间都做出了错误判断，甚至在盟军诺曼底登陆后仍认为是牵制性的佯攻，这就导致了德军在西线的大部分兵力、兵器被浪费在加来地区，而在诺曼底则因兵力单薄而无法抵御盟军的登陆。

正是靠着战前的大规模造势，形成了对盟军而言极为有利的战略形势，并使德军摸不清盟军的登陆地点到底在哪里，只能分兵把守、多处设防，从而减轻了盟军在诺曼底登陆的压力，保证了登陆的顺利和成功。这充分体现了孙子的造“势”思想，即“善战人之势，如转圆石于千仞之山者，势也”。

✻ 原文

孙子曰：凡治众如治寡，分数是也；斗众如斗寡，形名是也；三军之众，可使毕受敌而无败者，奇正是也；兵之所加，如以碫投卵者，虚实是也。

凡战者，以正合，以奇胜。故善出奇者，无穷如天地，不竭如江河。终而复始，日月是也。死而复生，四时是也。声不过五，五声之变，不可胜听也；色不过五，五色之变，不可胜观也；味不过五，五味之变，不可胜尝也；战势不过奇正，奇正之变，不可胜穷也。奇正相生，如循环之无端，孰能穷之？

激水之疾，至于漂石者，势也；鸷鸟之疾，至于毁折者，节也。是故善战者，其势险，其节短。势如彍弩，节如发机。

纷纷纭纭，斗乱而不可乱也；浑浑沌沌，形圆而不可败也。乱生于治，怯生于勇，弱生于强。治乱，数也；勇怯，势也；强弱，形也。故善动敌者，形之，敌必从之；予之，敌必取之。以利动之，以卒待之。

故善战者，求之于势，不责于人，故能择人而任势。任势者，其战人也如转木石。木石之性，安则静，危则动，方则止，圆则行。故善战人之势，如转圆石于千仞之山者，势也。

□ 译文

孙子说：治理大军团就像治理小部队一样有效，是依靠合理的组织、结构、编制；指挥大军团作战就像指挥小部队作战一样到位，是依靠明确、高效的信号指挥系统；整个部队与敌对抗而不会失败，是依靠正确运用奇、正的变化；攻击敌军，如同用石头砸鸡蛋一样容易，关键在于以实击虚。

大凡作战，都是以正兵做正面交战，而用奇兵去出奇制胜。所以善于运用奇兵的人，其战法的变化就像天地运行一样无穷无尽，像江河一样永不枯竭。像日月运行一样终而复始；与四季更迭一样去而复来。声音不过宫、商、角、徵、羽五个音阶，然而五种音阶的组合变化，永远也听不完；颜色不过红、黄、蓝、白、黑五色，然而五种色调的组合变化，永远也看不完；味道不过酸、甜、苦、辣、咸五味，然而五种味道的组合变化，永远也尝不完。战争中军事实力的运用不过奇、正两种，然而奇、正的组合变化，永远也无穷无尽。奇正相生、相互转化，就好比圆环旋绕，无始无终，谁能穷尽呢？

湍急的流水之所以能漂动大石，是因为使它产生巨大冲击力的势能；猛禽搏击雀鸟，一举可置对手于死地，是因为它掌握了最有利于爆发冲击力的时空位置，节奏迅猛。所以善于作战的指挥者，他所造成的态势是险峻的，进攻的节奏是短促有力的。所造成的“势险”就如同满弓待发的弩那样险峻，进攻的节奏正如击发弩机那样突然。

旌旗纷纷，人马纭纭，双方混战，战场上事态万端，但自己的指挥、组织、阵脚不能乱；混混沌沌，两军搅作一团，但胜利在我把握之中。双方交战，一方之乱，是因为对方治军更严整；一方怯懦，是因为对方更勇敢；一方弱小，是因为对方更强大。军队治理有序或者混乱，在于其组织编制；士兵勇敢或者胆怯，在于部队所营造的态势和声势；军力强大或者弱小，在于部队日常训练所造就的内在实力。所以善于调动敌军的人,向敌军展示一种或真或假的军情,敌军必然会为其所骗;给予敌军一点实际利益作为诱饵,敌军必然趋利而来,从而听我调动。一方面用小利调动敌军,另一方面要部署重兵严阵以待。

所以,善战者追求形成有利的"势",而不是苛求部属,因而能选择适宜的人才去利用已形成的"势"。善于创造有利的"势"的将领,指挥部队作战就像转动木头和石头。木石的特性是处于平坦地势上就静止不动,处于陡峭的斜坡上就滚动,方形容易静止,圆形容易滚动。所以,善于指挥打仗的人所造就的"势",就像让圆石从极高极陡的山上滚下来一样,来势凶猛,不可阻挡。这就是军事上的"势"。

先秦时期主要长兵器简介

戈 受石器时代的石镰、骨镰或陶镰的启发而产生石戈。戈原为长柄，后因作战需要和使用方式不同，分为长、中、短三种。商代已经有了铜戈，直到秦代作战时仍用戈。戈的击法有钩、挂、扎、挑等。凡与战争有关的象形文字常绘有戈的图像，至今汉字中“武”“战”“戎”等字还均从戈，即渊源于此。戈和干（盾）是商周时期士兵的标准装备，因此“干戈”一词就成为战争的别称或各种兵器的统称。

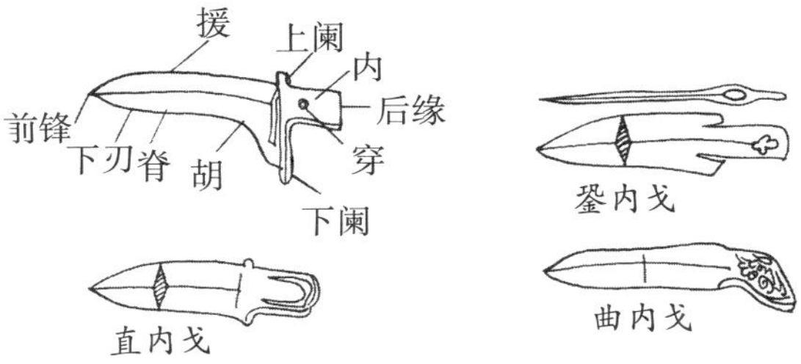

图1 戈的各部分名称和三种式样

矛 青铜矛是商代至战国军队的主要装备之一，在军队兵器装备数量上仅次于戈。由矛头和竹木制作的长柄组成，矛头由中空装柄的骹与矛体构成。骹的截面呈圆形或菱形，两侧有环纽，用以套接木柄。骹向前延伸成矛体的中脊，左右延成扁平式矛叶刃，向前收聚成尖锋。战国后期出现了铁矛头，材质坚韧，后逐渐取代了青铜矛。

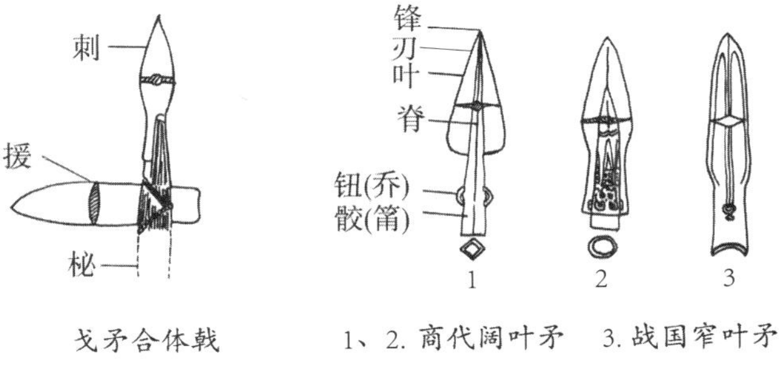

图2 商周青铜矛头

先秦主要战争述略

城濮之战

公元前636年，流亡19年之久的重耳回国继位，是为晋文公。在晋文公的领导下，晋国发展经济、修明政治、整顿军队，形势很快得以好转，获得了争霸中原的资本。晋国的崛起使一心想报泓水之仇的宋国看到了希望，于是主动叛楚附晋。公元前633年，楚成王率楚、郑、陈、蔡等国联军，包围了宋国都城商丘。次年，晋文公率军南下，相继占领依附于楚的卫、曹等国，展开救宋行动。

此后，双方在外交领域斗智斗勇。晋国巧设妙计，挑起前来调停的齐国、秦国与楚国的矛盾，使之转而出兵相助。楚成王见晋、齐、秦联盟已成，力量发生了变化，便主动将直属的楚军撤回国内，又下令转攻宋国的统帅子玉撤兵回国。但骄傲自负的子玉坚决要求与晋军决战。楚成王心存侥幸，便给子玉派去部分援军，自己回国去了。

晋文公一方面将子玉派来的使者宛春扣押，以激怒子玉；另一方面下令晋军退避三舍（一舍为三十里），号称兑现流亡楚国时的诺言。子玉误以为晋军怯懦，遂带军尾随而来。晋军在城濮（今河南濮县）抢占有利地形，准备迎击楚军。不久，齐、秦、宋的军队也抵达附近地区，与晋军遥相呼应，一场大战已在所难免。

大战开始，楚军右路、左路军相继被歼。在得知准确情况后，子玉率中路军撤出战场，避免了全军覆没的命运。中路军虽然保住了，但子玉自知无颜见楚国父老，于是自杀身亡。

城濮之战改变了中原的格局，原来亲楚的诸侯国纷纷倒向晋国。不久，周襄王任命晋文公为诸侯之长，确立了晋文公正式的霸主地位。

虚实篇

唐太宗曾言:“孙武十三篇,无出虚实。夫用兵识虚实之势,则无不胜焉。”唐太宗这两句话道出了《孙子兵法·虚实篇》在军事学上的价值。“虚”,空虚,兵力分散而薄弱。“实”,充实,兵力集中而强大。总而言之,一切有利的方面都是“实”,一切不利的方面都是“虚”。“虚”与“实”相互对立,相互转化。虚实其实存在于各个领域,太极拳有虚实,中医有虚实,绘画和摄影也讲究虚实,因此《孙子兵法》在生活、学习、社交上都有很大的指导价值。那么具体而言,孙子是如何认识和运用虚实的呢?让我们一起走进《虚实篇》,体悟“避实击虚”的奥妙吧!

✲ 原典

(一)凡先处战地而待敌者佚,后处战地而趋战者劳。故善战者,致人[①]而不致于人。

【注释】①致人:调动敌人。

【译文】凡先到达并占据战地,等待敌人前来的就从容、主动;后到达战地,仓促应战的就疲劳、被动。所以善于指挥作战的人,能调动敌人而不被敌人调动。

(二)能使敌人自至者,利之[①]也;能使敌人不得至者,害之也。

【注释】①利之:以利相诱。此谓以利诱使敌人自来就歼。

【译文】能使敌人自动进入我方预定地域的,是因为用小利引诱他;能使敌人无法到达我方预定地域的,是因为设法阻挠他。

(三)出其所必趋[①],趋其所不意。

【注释】①趋:奔赴,此指进军。

【译文】要出兵向敌人不设防的地方进军,攻击敌人预料不到的地方。

(四)微乎微乎,至于无形;神乎神乎,至于无声,故能为敌之司命[①]。

【注释】①司命:星官名,此处指命运的主宰者。

【译文】精妙到了极致，则无形可见；神奇到了极致，则无声息可言，这样就能成为敌人命运的主宰者。

(五)故形人[①]而我无形，则我专而敌分。我专为一，敌分为十，是以十攻其一也，则我众敌寡。

…………

敌虽众，可使无斗。

【注释】①形人：诱使敌人暴露其兵力部署等情况。形：此处为动词，使之暴露、显露。

【译文】所以，用诱使敌人暴露的办法欺骗敌人，使其暴露企图，而自己不露形迹，使敌人捉摸不定，就能够做到自己兵力集中而使敌人兵力分散；我军兵力集中于一处，敌人兵力分散于十处，我军就能以十倍于敌的兵力打击敌人，造成我众而敌寡的有利态势。

…………

敌军虽多，也可以使其没有战斗力，无法与我军交战。

(六)故形兵[①]之极，至于无形。无形，则深间不能窥，智者不能谋。

【注释】①形兵：军队部署时有意表现的假象。

【译文】所以以假象迷惑敌人的用兵方法运用到极致程度，就会不露一丝真迹，使人无形可窥。不露一丝真迹，那么即使隐蔽很深的间谍也不能窥测到实情，即使很有智谋的人也无法设谋。

(七)夫兵形[1]象水,水之形,避高而趋下;兵之形,避实而击虚。

【注释】①兵形:用兵作战的规律。

【译文】用兵的规律好像流水,水流动的规律是避开高处而流向低处;而作战取胜的规律是避开敌人坚实的地方,攻击其虚弱之处。

(八)故兵无常势,水无常形;能因敌变化而取胜者,谓之神。

【译文】所以用兵没有固定不变的程式,就像水流没有固定的形态一样。能够依据敌情变化而克敌制胜的,就称作用兵如神。

✲ 要义

本篇是孙子作战理论的核心篇。在这一篇中,孙子集中论述了在掌握虚实、转化虚实、运用虚实的基础上,如何正确地组织攻防对抗,并提出了"调动敌人""集中兵力""避实击虚""因敌制胜"等一系列作战指导原则。

(一)虚实是用兵作战的关键所在

孙子说:"夫兵形象水,水之形,避高而趋下;兵之形,避实而击虚。""避实击虚"是重要的用兵原则,更是取得作战胜利的关键所在,孙子的这一观点得到后世兵家的普遍肯定。如吴子所说的"审敌虚实而趋其危",孙膑所说的"必攻不守",李世民所说的"识虚实之势”，表述虽有不同，但意思是基本一致的，核心理念都是“避实击虚”。

(二)击虚是战争中的点穴法

为什么用兵作战一定要遵循“避实击虚”的原则呢？《管子》中有一段话，深刻地体现了“避实击虚”的要义，其大意是凡是用兵作战，攻击坚固之处，则可能碰钉子；打击薄弱环节，往往会收到奇效。攻击坚固之处，如果受挫，薄弱之处也变得坚固；相反，打击薄弱环节，一旦取得突破，则坚固之处也会变得薄弱。需要指出的是，在孙子的认知体系中，击虚并不是逢虚就击，而是攻击敌人虚弱且关键的部位或环节，这样方能起到“牵一发而动全身”的效果，这可以说是孙子的点穴法。“避实击虚”原则能成为用兵作战的关键，其原因正在于此。

(三)“示形动敌”，诡诈用兵

在战争中，对于自己的要害部位、关键环节，交战双方都力图化虚为实，以免为敌所乘。孙子说：“不可胜在己，可胜在敌。”如果对方不犯错误，关键之处常处于实的状态，“避实击虚”便难以实现。这就需要指挥员充分发挥自己的主观能动性，采取“示形”、佯动等手段，调动敌人，实现虚实转化，最终达到关键战场上的我实敌虚。总之，就是要做到“致人而不致于人”，将战争主动权牢牢掌握在自己手中。

✻ 思考

（一）你知道哪些“避实击虚”的战役？

（二）孙子的“避实击虚”对你的生活和学习有哪些启迪呢？

✻ 延伸阅读

四渡赤水

四渡赤水是遵义会议之后，中央红军在长征途中进行的一次运动战，具有极其重要的历史意义。

1935年1月7日，中央红军一举攻克黔北重镇遵义城。这使蒋介石大为震惊，他为阻止中央红军北进四川同红四方面军会合或东入湖南同红二、红六军团会合，围歼中央红军于乌江西北的川黔交界地区，调集其嫡系薛岳兵团和黔军全部，滇军主力和四川、湖南、广西的军队各一部，向遵义地区进逼。为摆脱这种险境，党中央决定，率师北渡长江，前出川南，与活动在川陕革命根据地的红四方面军会合，开创川西或川西北革命根据地。1月19日起，中央红军向土城、赤水方向前进。24日，红一军团击溃国民党军黔军的抵抗，攻占土城。28日，红三军团、红五军团、军委纵队、干部团、红一军团一部在土城、青岗坡地区对尾追的川军2个旅发起猛攻，予以重创。此时，川军后续部队4个旅迅速增援。毛泽东等遂决定立即撤出战斗，西渡赤水河，向古蔺以南地区前进，寻机北渡长江。此为一渡赤水。

2月7日，渡过赤水后，毛泽东等鉴于川军已加强了长江沿岸防御，以优势兵力分路向红军进逼的形势，决定暂缓执行北渡长江计划，改取川滇黔交界地区为发展地区。接着，红军向川滇交界的扎西地区集中。红军进至扎西地区，敌方仍判断红军将北渡长江，既向宜宾段各主要渡口增兵，又调滇军和川军潘文华部向扎西地区逼近，企图对红军分进合击。2月9日，中央红军在扎西地区集结完毕。为了迅速脱离川军、滇军的侧击，毛泽东等决定东渡赤水河，向国民党军兵力薄弱的黔北地区发动进攻。此为二渡赤水。

红军二渡赤水，回师黔北，完全出乎蒋介石的意料，他急忙调集军队进行围堵。川军3个旅慌忙由扎西附近向东追击，黔军3个团从遵义向娄山关、桐梓增援，第一纵队2个师由黔西、贵阳地区向遵义急进，企图阻止并围歼红军于娄山关或遵义以北地区。中央红军经过连续战斗，历时5天，连下桐梓、娄山关、遵义，共击溃和歼灭国民党军2个师又8个团，俘敌约3 000人。这是中央红军长征后最大的一次胜利。紧接着，红军三渡赤水，由遵义再进川南。

遵义战役后，蒋介石由汉口飞抵重庆坐镇指挥，并改以堡垒主义和重点进攻相结合的战法，企图南北夹击，围歼中央红军于遵义、鸭溪地区。红军再次进入川南，蒋介石判断中央红军又要北渡长江，急令所有部队向川南进击，企图围歼红军于古蔺地区。在国民党军重兵再次向川南集中的情况下，毛泽东等决定，乘敌不备，折兵向东，在赤水河东岸寻机歼敌。为迷惑国民党军，红一军团

1 个团大张旗鼓地向古蔺前进，诱敌向西；主力则由镇龙山以东地区突然折向东北，于 3 月 21 日晚分别经二郎滩、九溪口、太平渡东渡赤水河，从敌重兵集团右翼分路向南急进，此为四渡赤水。

3 月 31 日，中央红军经江口、大塘、梯子岩等处南渡乌江。4 月 2 日，中央红军以一部兵力佯攻息烽，主力进至狗场、扎佐地域，前锋逼近贵阳。这时，国民党军在贵阳及其周围地区只有第九十九师 4 个团。正在贵阳督战的蒋介石十分惊恐，一面急令各纵队火速增援贵阳，一面令守城部队死守飞机场，并准备了轿子、马匹、向导，准备随时逃跑。4 月 4 日，红九军团在打鼓新场以东老木孔地域击溃黔军 5 个团，歼其 2 000 余人。至此，中央红军巧妙地跳出了国民党军的合围圈，将蒋介石的几十万军队甩在乌江以北。四渡赤水之后，中央红军主力趁滇军东调增援贵阳之际，乘虚进军云南，并于 5 月 9 日，在皎平渡、洪门渡渡过金沙江。与此同时，活动在乌江以北地区的红九军团，也从会泽以西的树节、盐井坪渡过金沙江。

四渡赤水战役是毛泽东根据情况的变化，指挥中央红军巧妙地穿插于国民党军重兵集团之间，灵活地变换作战方向，调动和迷惑敌人，创造战机，在运动中歼灭大量国民党军，牢牢地掌握战场主动权，取得了战略转移中具有决定性意义的胜利，这是中国工农红军战争史上以少胜多、变被动为主动的光辉战例。毛泽东曾说，四渡赤水是他一生中的“得意之笔”。此战的精妙之处恰在于毛泽东对战争虚实的精准把握，他通过灵活地指挥和调整，总能发现和制造敌人之虚，从而“避实击虚”，带领中央红军一次次走向胜利。

✲ 原文

孙子曰：凡先处战地而待敌者佚，后处战地而趋战者劳。故善战者，致人而不致于人。能使敌人自至者，利之也；能使敌人不得至者，害之也。故敌佚能劳之，饱能饥之，安能动之。

出其所必趋，趋其所不意。行千里而不劳者，行于无人之地也。攻而必取者，攻其所不守也。守而必固者，守其所不攻也。故善攻者，敌不知其所守；善守者，敌不知其所攻。微乎微乎，至于无形；神乎神乎，至于无声，故能为敌之司命。

进而不可御者，冲其虚也；退而不可追者，速而不可及也。故我欲战，敌虽高垒深沟，不得不与我战者，攻其所必救也。我不欲战，画地而守之，敌不得与我战者，乖其所之也。

故形人而我无形，则我专而敌分。我专为一，敌分为十，是以十攻其一也，则我众敌寡。能以众击寡者，则吾之所与战者约矣。吾所与战之地不可知，不可知则敌所备者多。敌所备者多，则吾所与战者寡矣。故备前则后寡，备后则前寡，备左则右寡，备右则左寡，无所不备，则无所不寡。寡者，备人者也；众者，使人备己者也。

故知战之地，知战之日，则可千里而会战；不知战地，不知战日，则左不能救右，右不能救左，前不能救后，后不能救前，而况远者数十里，近者数里乎？以吾度之，越人之兵虽多，亦奚益于胜哉？

故曰：胜可为也。敌虽众，可使无斗。

故策之而知得失之计，作之而知动静之理，形之而知死生之地，角之而知有余不足之处。故形兵之极，至于无形。无形，则深间不能窥，智者不能谋。因形而错胜于众，众不能知；人皆知我所以胜之形，而莫知吾所以制胜之形。故其战胜不复，而应形于无穷。

夫兵形象水，水之形，避高而趋下；兵之形，避实而击虚。水因地而制流，兵因敌而制胜。故兵无常势，水无常形；能因敌变化而取胜者，谓之神。故五行无常胜，四时无常位，日有短长，月有死生。

□ 译文

孙子说：凡先到达并占据战地，等待敌人前来的就从容、主动；后到达战地，仓促应战的就疲劳、被动。所以善于指挥作战的人，能调动敌人而不被敌人调动。能使敌人自动进入我方预定地域的，是因为用小利引诱他；能使敌人无法到达我方预定地域的，是因为设法阻挠他。所以，当敌人休整得好时，能设法使他疲劳；当敌人粮饷充足时，能设法使他饥饿；当敌军驻扎安稳时，能设法使他移动。

要出兵向敌人不设防的地方进军，攻击敌人预料不到的地方。行军千里而不疲困的，是因为行进在敌军无人抵抗或没有设防的地区。进攻必然得手的，是因为攻击敌人不注意防守或不易守住的地方。防守必然稳固的，是因为扼守敌人不敢攻或不易攻破的地方。所以,善于进攻的,能使敌人不知怎样防守;善于防御的,能使敌人不知道怎样进攻。精妙到了极致,则无形可见;神奇到了极致,则无声息可言,这样就能成为敌人命运的主宰者。

进攻时,敌人无法抵御的,是因为攻击敌人空虚的地方;退却时,敌人无法追击的,是因为退得迅速,敌人追赶不上。所以,我若求战,敌人即使坚守深沟高垒,也不得不出来与我交战,是因为我会进攻敌人所必救的地方;我若不想交战,即使画地而守,敌人也无法和我交战,是因为我设法改变了敌人的进攻方向。

所以,用诱使敌人暴露的办法欺骗敌人,使其暴露企图,而自己不露形迹,使敌人捉摸不定,就能够做到自己兵力集中而使敌人兵力分散;我军兵力集中于一处,敌人兵力分散于十处,我军就能以十倍于敌的兵力打击敌人,造成我众而敌寡的有利态势。能做到以众击寡,那么与我军直接交战的敌人就少了。我们所要进攻的地方敌人不知道,敌人不知道就要处处分兵设防;敌人防备的地方越多,兵力越分散,这样,我军直接攻击的敌人就不多了。所以,注意防备前面,后面的兵力就薄弱;注意防备后面,前面的兵力就薄弱;注意防备左翼,右翼的兵力就薄弱;注意防备右翼,左翼的兵力就薄弱;处处防备,就处处兵力薄弱。敌人兵力少,是处处防备的结果;我方兵力多,是迫使敌人分兵防备的结果。

所以,能预料同敌人交战的地点,能预料同敌人交战的时间,就是跋涉千里也可同敌人交战;如果既不能预料交战的地点,又不能预料交战的日期,就会左不能救右,右不能救左,前不能救后,后不能救前，更何况远到几十里，近的也有好几里呢？依我分析，越国的兵虽多，但对于他的取胜又有什么帮助呢？所以说，胜利是可以争取到的。敌军虽多，也可以使其没有战斗力，无法与我军交战。

所以，要认真分析判断，以求明了敌人作战计划的优劣长短；调动敌人，以求了解其行动的规律；示形诱敌，以求摸清其所处地形的有利与不利；进行战斗侦察，以求探明敌人兵力部署的虚实强弱。所以以假象迷惑敌人的用兵方法运用到极致程度，就会不露一丝真迹，使人无形可窥。不露一丝真迹，那么即使隐蔽很深的间谍也不能窥测到实情，即使很有智谋的人也无法设谋。根据敌情采取策略而取胜，把胜利摆在众人面前，众人还是看不出来。人们只知道我是根据敌情变化取胜的，但是不知道我是怎样根据敌情变化取胜的。所以每次取胜，都不是重复老一套方法的结果，而是适应不同的情况，变化无穷的结果。

用兵的规律好像流水，水流动的规律是避开高处而流向低处；而作战取胜的规律是避开敌人坚实的地方，攻击其虚弱之处。水因地势的高低而制约其流向，作战则根据敌情而决定取胜的方针。所以用兵没有固定不变的程式，就像水流没有固定的形态一样。能够依据敌情变化而克敌制胜的，就称作用兵如神。所以用兵的规律就像自然现象一样，五行相生相克，四季依次交替，白天有短有长，月亮有缺有圆，永远处于变化之中。

先秦时期主要长兵器简介

戟　是戈和矛的合体，就是在戈的头部再装矛尖，具有钩啄和刺击双重功能，杀伤力比戈和矛都强。春秋战国时期多为青铜戟，大量用于车战。

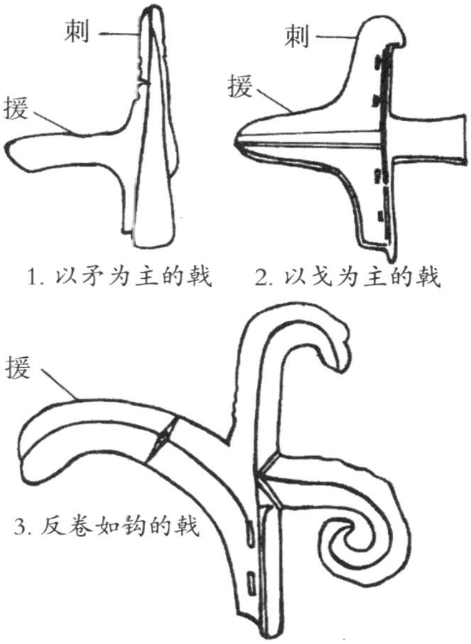

图1　西周青铜戟

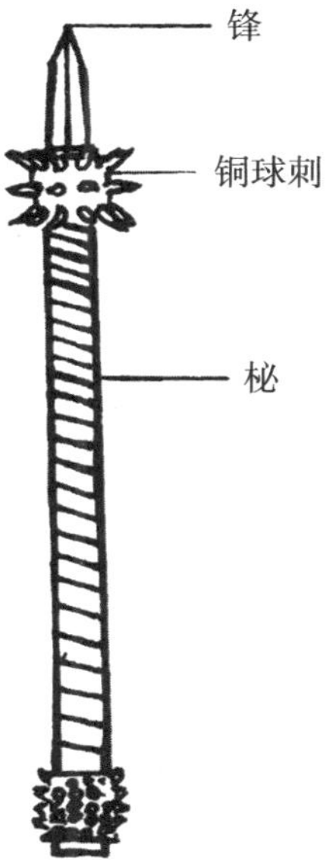

图2　战国青铜有尖锋殳

殳　以竹或木制成，顶端装有圆筒形金属，无刃。亦有装金属刺球，顶端带矛。

先秦主要战争述略

崤之战

公元前628年，晋文公去世，此前郑国的国君也去世了。秦穆公得到消息后，派孟明视等率兵越过晋国，准备偷袭郑国。次年春天，大军抵达滑(今河南偃师东南)境。郑国商人弦高识破了秦军的企图，冒充郑国的使者到秦军营犒师，同时派人火速回郑国报信。郑国于是驱逐了秦国的三个内应。孟明视得到消息后，知道郑国已然有备，偷袭的条件已不复存在，于是灭滑而还。

秦军再次进入晋国境内，经过崤山时，遭到预伏在那里的晋军的猛烈攻击。晋襄公身着丧服督战，晋国将士奋勇争先，全歼秦军，俘获孟明视等三位主将。

崤之战规模不大，但影响不小。从战役的角度看，这是一场漂亮的伏击战，晋军取得了全胜，使秦军"匹马只轮未返"。从战略上看，晋国却是得不偿失的。秦晋交恶的结果，使晋国在此后一直面临来自西方的威胁，再也无法倾尽全力与楚国争霸中原了。后来晋楚之间又爆发了邲之战、鄢陵之战等重大战役，晋国艰难地遏阻了楚国北上的企图，勉强维护住了霸主地位，但国力损耗过多，再不能像原来那样有力地控制各诸侯国了。春秋争霸斗争的焦点，从此由中原转向了东南的吴越地区。

军争篇

军争是指在战场上两军争利、争胜的军事行动，其中心思想是力争掌握战场的主动权。孙子认为在作战过程中，如何先于敌人占领战场要地和掌握有利战机是两军相争中最重要、最困难的问题。为了争取有利地位，他认为必须懂得“以迂为直，以患为利”的原则，正确处理“迂”与“直”、“患”与“利”的辩证关系，达到“后人发，先人至”的目的。

✲ 原典

(一)军争[①]之难者,以迂为直,以患为利[②]。

【注释】①军争:在作战中,两军争取夺得胜利的有利条件。

②以迂为直:通过迂回曲折的弯路达到近直的目的。以患为利:指把有害的事情变为有利的事情。

【译文】军争中最困难的地方,就在于以迂回进军的方式实现更快到达预定战场的目的,把看似不利的条件变为有利的条件。

(二)故军争为利,军争为危。

【译文】所以军争有有利的一面,军争也有危险的一面。

(三)故兵以诈立[①],以利动,以分合为变者也。故其疾如风,其徐如林[②],侵掠如火,不动如山,难知如阴,动如雷震;掠乡分众,廓地分利,悬权而动。

【注释】①立:成立,这里指成功、取胜。

②其徐如林:用兵舒缓时像树林那样严整。

【译文】所以用兵是凭借施诡诈出奇兵而获胜的,根据是否有利于获胜决定行动,根据双方情势或分兵或集中为主要变化。所以按照战场形势的需要,部队行动迅速时,如狂风飞旋;行进从容时,如森林徐徐展开;攻城略地时,如烈火迅猛;驻守防御时，如大山岿然；军情隐蔽时，如乌云蔽日；大军出动时，如雷霆万钧。夺取敌方的财物，分化其民众，应分兵行动；开拓疆土，分夺利益，应该分兵扼守要害。这些都应该权衡利弊，根据实际情况，相机行事。

(四)故善用兵者，避其锐气，击其惰归，此治气①者也。

【注释】①治气：掌握运用士气变化的通常规律，这里指掌握士气。

【译文】所以善于用兵的人，敌之气锐则避之，趁其士气衰竭时才发起猛攻。这就是正确运用士气的原则。

(五)故用兵之法，高陵勿向①，背丘勿逆②，佯北勿从，锐卒勿攻，饵兵勿食，归师勿遏③，围师必阙④，穷寇勿迫。此用兵之法也。

【注释】①向：指从下向上仰攻。

②逆：指迎面进攻。

③遏：拦阻、阻截、截击。

④阙：同“缺”，缺口，空缺。

【译文】所以用兵的原则是对占据高地之敌，不要仰攻；对背倚丘陵之敌，不要正面迎击；对假装败逃之敌，不要跟踪追击；敌人的精锐部队，不要强攻；敌人的诱饵之兵，不要贪食；对正在向本土撤退的部队，不要去阻截；对被包围的敌军，要预留缺口；对陷入绝境的敌人，不要过分逼迫。这些都是用兵的基本原则。

✻ 要义

本篇主要阐述了战争主动权的问题。首先是从军争的利害出发，揭示了一个普遍性的规律，即任何军事行动都存在利、害两个方面。其次论述了军争这一军事行动的基本原则和方法。

(一)军事辩证法的一个活的例证

孙子说："军争为利，军争为危。"夺取战场的主动权，是赢得战争胜利的不二法门。但在军争过程中，存在着巨大的风险。这是因为大规模的军事行动必然存在着不易保密、后勤保障困难、非战斗减员等问题，稍有不慎就会导致"覆军杀将"的危险。这就需要指挥员正确把握"迂"与"直"、"患"与"利"之间转化的度，实现后发而先至，从而赢得战场的主动权。其实，整部《孙子兵法》都处处闪烁着辩证法思想的光辉，这也是其区别于其他兵书并高于其他兵书的一个重要原因。

(二)军争的主要方法

孙子的军争之法，主要包括以下几个方面的内容：

第一，提高军队的机动能力。孙子说："兵无选锋，曰北。"所谓"选锋"，是要训练出一支体能强、武艺精的机动部队，如吴国的"利趾者"、魏国的"武卒"、齐国的"技击"、秦国的"锐士"等。用现代军事术语来说，就是要建立一支快速反应部队，以便在瞬息万变的战场形势下，抓住稍纵即逝的战机，将主动权牢牢地控制在自己手中。这一思想对后世产生了非常大的影响。从冷兵器时代骑兵集团的建设和运用，到“闪击战”的理论与实践，再到如今特种兵部队的建设，都可以视作是对孙子这一思想的丰富和发展。

第二，正确选择行军的类型。孙子将行军分为3个类型：日行30里为正常行军，50里可称为急行军，100里则为强行军。随着技术的进步、兵种的发展，军队机动能力不断发生变化，距离的概念已不可同日而语，但行军类型的划分则有着永恒的意义。3种行军类型，不存在哪一个好或不好的问题，关键在于根据特定的战场环境做出正确的选择。

第三，正确把握行军的节奏。如何既不放弃军争之利，又最大可能地避免军争之危呢？关键是要把握好战场机动的节奏，做到动静适宜、缓急有序。孙子说：“兵以诈立，以利动，以分合为变者也。”这里提出了战场机动的三原则：其一是诡诈原则。实施战场欺骗是军事斗争中普遍采用的一种战略。在争夺战场主动权的过程中，比的是谁骗得巧妙，谁骗得高明。与其他领域不同，这里不存在道德问题，而是一种高明的艺术。其二是利益原则。军争的利与危是形影不离、时刻相伴的。战场指挥官必须仔细分析、反复权衡，真正做到危中见利、利中见危，才能正确采取争取主动权的军争行动。风险与利益是成正比的，必要的冒险精神在战争中是不可或缺的。其三是分合原则。适时、正确地集中与分散兵力，是军事指挥艺术中一个十分重要的问题。战场指挥员必须随时掌握敌情的变化，并据此对军队实施高效、统一的指挥，使全军上下步调一致、行动统一，方能夺取战场的主动权，进而赢得战争的胜利。

第四，保持士气与体力。为此，孙子提出了“四治”之法：“避其锐气，击其惰归，此治气者也。以治待乱，以静待哗，此治心者也。以近待远，以佚待劳，以饱待饥，此治力者也。无邀正正之旗，勿击堂堂之陈，此治变者也。”掌握了“四治”之法，军队的机动便可以顺利实施，军队的战斗力也就有了根本保障。

✲ 思考

（一）“以迂为直”是军争的重要原则，结合所学，谈谈学习中如何做到“以迂为直”。

（二）孙子提出“归师勿遏，围师必阙，穷寇勿迫”，对此你怎么看？

✲ 延伸阅读

阏与之战

阏与之战是公元前269年，赵国名将赵奢率军于阏与（今山西和顺）击败秦军的一次奔袭作战。

秦昭襄王以赵国不履行交换城邑的协议为由，派中更胡阳率军攻打赵国要地阏与，赵惠文王则命赵奢领兵往救。秦军在围困阏与的同时，已经做了防止赵军出兵救援的准备。他们发兵一支，向东直插武安（今河北武安西南），以成掎角之势，牵制赵军行动。赵奢侦知秦军这一部署后，从邯郸出发才30里就下令安营扎寨，命令军中加固营垒，在营区周围修筑了许多屏障，故意做出毫无进取的姿态。并且命令部队："有以军事谏者死。"军中有一人建议火速去救武安，赵奢立即把他杀掉。这样，一直过了28天，赵奢命令军队再次增筑营垒。秦军派遣间谍进入赵军驻地侦察，赵奢以好食招待后把他放走。随后，间谍把赵军的情况报告给秦军将领，秦军将领非常高兴，认为赵军"夫去国三十里而军不行，乃增垒，阏与非赵地也"。随之放松了警惕，殊不知，这只是赵军的计谋。送走秦军间谍后，赵奢突然做出决定，集合部队，卷甲而趋，向西急进，仅两天一夜就抵达距离阏与50里的地方。而秦军久攻阏与不克，突闻赵援兵至，仓促迎击。赵奢则采纳军士许历建议，严阵以待，并派万人抢先占领北山高地。秦军后至，争夺北山不得上，拥挤于山下，陷入十分被动地位。赵军则利用有利地势，居高临下，俯击秦军。秦军攻山不下，士气懈怠，于是赵奢挥兵反击，大败秦军，遂解阏与之围。此次战役，使威行诸侯的强秦遭受了一次重大挫折，多年后仍不敢轻举妄动，恐怕重蹈阏与之覆辙。

此战，赵奢见秦军势盛，坚壁不进，麻痹秦军，隐蔽作战企图，践行孙子的"后人发，先人至"的军争原则，在经过长时间的隐忍后，乘秦军不备，偃旗息鼓，率军疾进，用两天一夜赶到距阏与城50里处筑垒列阵，并抢先占领北山高地，以逸待劳，一举击溃秦军。

诺门坎事件

二战前，一直主张“北进战略”的日本陆军，积极准备对苏联的进攻。1939年，中日战争已进入相持阶段，日本陆军认为可以在中国东北集中兵力与苏联进行武力侦察式作战，于是挑起了诺门坎事件。

由于日军早有准备，所以诺门坎战役初期，苏军接连失利。朱可夫到任后，他根据最新情报认为，必须向这一地区增派部队，并决定使用航空兵配合下的装甲作战。7月1日，日军趁苏军增援部队还未就位的机会，向苏军和蒙古军队发起了猛烈进攻。当时日军具有绝对优势，然而朱可夫沉着组织防御。苏军人少，但是坦克和装甲车多于日军。朱可夫指挥坦克和装甲部队连续实施反击，不断消耗敌人的有生力量，使日军伤亡惨重。

于是日本开始大规模地向诺门坎地区增兵，并准备在8月24日向苏军发起更大的进攻。然而朱可夫悄悄做好了反攻的准备。为了迷惑敌人，朱可夫在实施反攻前成功地进行了战役欺骗。比如，为了实现坦克攻击的突然性，他将几辆坦克卸去了消音器，然后沿前沿阵地不断地来回行驶，以此让日军对苏军的坦克调动习以为常；为了隐蔽反攻企图，朱可夫把几部大功率的音响装置搬到前沿，模仿打桩机的声音，逼真地造成大规模修筑防御工事的假象，让日军误以为苏军不是想反攻，而是要实施防御。这一切战役欺骗手段都取得了成功。日军没有料到苏军真的发动了反攻，狼狈溃逃。

日军在诺门坎战役遭到失败后，“北进战略”发生了动摇。不久日本放弃“南北并进战略”，开始推行“南进战略”。朱可夫通过诺门坎战役，成为改写历史的人。战争中，朱可夫实施大规模的战役欺骗并成功骗过了日军的侦查，充分地体现了孙子“兵以诈立，以利动，以分合为变”的作战原则，从而夺取了苏军在远东地区与日军作战的主动权。

✼ 原文

孙子曰：凡用兵之法，将受命于君，合军聚众，交和而舍，莫难于军争。军争之难者，以迂为直，以患为利。故迂其途而诱之以利，后人发，先人至，此知迂直之计者也。

故军争为利，军争为危。举军而争利，则不及；委军而争利，则辎重捐。是故卷甲而趋，日夜不处，倍道兼行，百里而争利，则擒三军将，劲者先，疲者后，其法十一而至。五十里而争利，则蹶上将军，其法半至。三十里而争利，则三分之二至。是故军无辎重则亡，无粮食则亡，无委积则亡。

故不知诸侯之谋者，不能豫交；不知山林、险阻、沮泽之形者，不能行军；不用乡导者，不能得地利。

故兵以诈立，以利动，以分合为变者也。故其疾如风，其徐如林，侵掠如火，不动如山，难知如阴，动如雷震；掠乡分众，廓地分利，悬权而动。先知迂直之计者胜。此军争之法也。

《军政》曰："言不相闻，故为金鼓；视不相见，故为旌旗。"夫金鼓旌旗者，所以一人之耳目也。人既专一，则勇者不得独进，怯者不得独退，此用众之法也。故夜战多火鼓，昼战多旌旗，所以变人之耳目也。

故三军可夺气，将军可夺心。是故朝气锐，昼气惰，暮气归。故善用兵者，避其锐气，击其惰归，此治气者也。以治待乱，以静待哗，此治心者也。以近待远，以佚待劳，以饱待饥，此治力者也。无邀正正之旗，勿击堂堂之陈，此治变者也。

故用兵之法，高陵勿向，背丘勿逆，佯北勿从，锐卒勿攻，饵兵勿食，归师勿遏，围师必阙，穷寇勿迫。此用兵之法也。

□ 译文

孙子说：大凡用兵的方法，从将领接受君命，召集军队，安营扎寨，到开赴战场与敌对峙，这中间，没有比率先争得制胜的条件更难的事了。军争中最困难的地方，就在于以迂回进军的方式实现更快到达预定战场的目的，把看似不利的条件变为有利的条件。所以，由于我迂回前进，又对敌诱之以利，使敌不知我意欲何去，因而出发虽后，却能先于敌人到达战地。能这么做，就是知道迂直之计的人。

所以军争有有利的一面，军争也有危险的一面。带着全部辎重去争利，就会影响行军速度，不能先敌到达战地；丢下辎重轻装去争利，装备辎重就会损失。因此卷甲急进，白天黑夜不休息，加倍地急行军，奔跑百里去争利，则三军的将领有可能会被俘获。健壮的士兵能够先到战场，疲惫的士兵必然落后，这样只有十分之一的人马如期到达；强行军五十里去争利，先头部队的主将必然受挫，而军士一般仅有一半如期到达；强行军三十里去争利，一般只有三分之二的人马如期到达。这样，部队没有辎重就会失败，没有粮食供应就不能生存，没有战备物资储备也不能坚持作战。

所以不了解各诸侯国的图谋，就不要和他们结成联盟；不知道山林、险阻和沼泽的地形分布，就不能行军；不使用向导，就不能掌握和利用有利的地形。

所以用兵是凭借施诡诈出奇兵而获胜的，根据是否有利于获胜决定行动，根据双方情势或分兵或集中为主要变化。所以按照战场形势的需要，部队行动迅速时，如狂风飞旋；行进从容时，如森林徐徐展开；攻城略地时，如烈火迅猛；驻守防御时，如大山岿然；军情隐蔽时，如乌云蔽日；大军出动时，如雷霆万钧。夺取敌方的财物，分化其民众，应分兵行动。开拓疆土，分夺利益，应该分兵扼守要害。这些都应该权衡利弊，根据实际情况，相机行事。率先知道“迂直之计”的将获胜，这就是军争的原则。

《军政》说：“在战场上用语言来指挥，听不清或听不见，所以设置了金鼓；用动作来指挥，看不清或看不见，所以用旌旗来指挥作战。”金鼓、旌旗是用来统一士兵的视听，统一作战行动的。既然士兵都服从统一指挥，那么勇敢的将士不会单独前进，胆怯的将士也不会独自退却，这就是指挥大军作战的方法。所以，夜间作战要多处点火，频频击鼓；白天打仗要多处设置旌旗，这些是用来适应士兵的视听。

所以，对于敌方三军，可以挫伤其锐气，可丧失其士气；对于敌方的将帅，可以动摇他的决心，可丧失其斗志。所以，敌人初至，其气必盛；过了一段时间之后，则人力困倦而气亦怠惰；到了后期，人心思归，其气益衰。所以善于用兵的人，敌之气锐则避之，趁其士气衰竭时才发起猛攻。这就是正确运用士气的原则。用治理严整的我军来对付军政混乱的敌军，用我镇定平稳的军心来对付军心躁动的敌人，这是掌握并运用军心的方法。以我就近进入战场而待长途奔袭之敌，以我从容稳定应对仓促疲劳之敌，以我饱食之师对抗饥饿之敌，这是懂得并利用治己之力以困敌人之力。不要去迎击旗帜整齐、部伍统一的军队，不要去攻击阵容整肃、士气饱满的军队，这是战场上随机应变的方法。

所以用兵的原则是对占据高地之敌，不要仰攻；对背倚丘陵之敌，不要正面迎击；对假装败逃之敌，不要跟踪追击；敌人的精锐部队，不要强攻；敌人的诱饵之兵，不要贪食；对正在向本土撤退的部队，不要去阻截；对被包围的敌军，要预留缺口；对陷入绝境的敌人，不要过分逼迫。这些都是用兵的基本原则。

先秦时期主要短兵器简介

剑　直身尖锋，两侧有刃，可近战刺劈格斗；后安短柄，常配有剑鞘，是古代军中重要的短兵器。剑脱胎于矛形兵器及短匕首，出现于商朝晚期。到了西周时期，中原地区出现了短剑。春秋早期出现了圆形首、柱形茎的柱脊剑，长度在 40 厘米内，只能直刺，不便劈砍。

春秋晚期至战国是铜剑发展的高峰期。吴越地区多丘陵树林，水网纵横，他们大力发展步兵和水军，配备剑、盾，制剑技术迅速提高。这时的剑身明显加长，超过了 50 厘米。古书中记载了这一时期的很多铸剑大师和名剑。

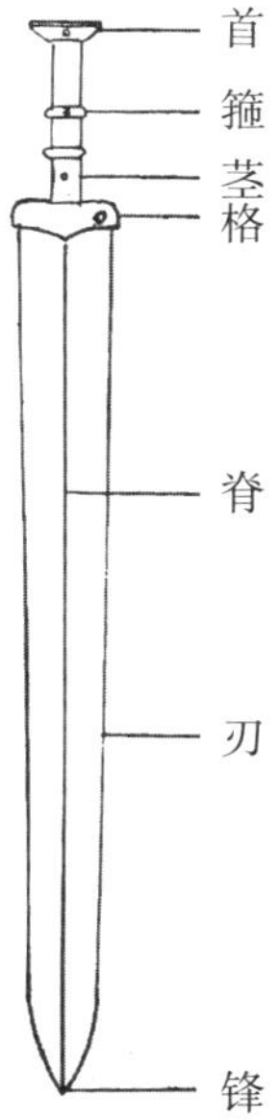

图1 青铜剑及其各部名称

图2 吴王光(阖闾)铜剑

吴王光(阖闾)铜剑，春秋晚期制造，山西原平峙峪出土。长 50.7 厘米，剑身满饰火焰状花纹，剑格饰兽面纹，剑身基部铭“攻敌王光，自作用剑”八个篆字。“攻敌”即“勾吴”，是吴国的国号。

先秦主要战争述略

柏举之战

当中原争霸正酣时，偏处东南的吴国已悄然兴起。吴王阖闾任用伍子胥、孙武等经国整军，实力日益强盛。于是，西破强楚、争霸天下的战略计划逐步提上了吴国的议事日程。

从公元前512年开始，吴国将军队分为3支，轮番出击，袭扰楚国。当楚军大规模集结时，吴军便主动撤离，而不与之决战。这一措施实行了6年，不仅扰乱了楚国的农业生产，同时也给楚军造成了错觉。

公元前506年，楚国攻打蔡国。蔡国在向晋国求救未果的情况下，转而向吴国求救，并以太子为人质，以示坚定的抗楚决心。这时，唐国因不满楚国的欺凌，也倒向了吴国。阖闾于是亲率30 000大军，在唐军、蔡军的配合下，迅速通过大隧（今河南信阳）等三关，抵达汉水东岸。楚国派令尹囊瓦率军迎敌，渡过汉水，进攻吴军。

为了创造有利的战场态势，阖闾引兵向东退却。囊瓦误以为吴军怯战，遂尾追而来。之后，吴军退至柏举（今湖北麻城），列阵待敌。阖闾之弟夫概乘楚立足未稳之际，率所部5 000将士首先发起攻击，将楚军冲得七零八落。阖闾见状，遂指挥主力部队投入战斗。曾发誓要歼灭吴军的囊瓦方寸大乱，竟弃大军于不顾，仓皇逃往郑国。楚军群龙无首，纷纷逃亡。柏举之战遂以吴军的全胜而告终。战后，吴军一路追击，五战五胜，顺利攻克楚国都城——郢（今湖北江陵）。

九变篇

前面几章中，孙子阐述了一些行军作战的基本原则，如“归师勿遏，围师必阙，穷寇勿迫”等。但是在战争中，切不可盲目照搬这些兵法原则，因为“兵无常势，水无常形”，战场上的情况随时都会因人、因时、因地、因势而瞬息万变，用死的教条去应对复杂多变的战场是注定要失败的。因此，在战争中只有识常法而不拘常法，出其不意，随机应变，才能使自己永远立于不败之地。接下来的《九变篇》，讲的就是将帅指挥作战时如何根据不同的战场形势，采取灵活机动的战略战术，趋利避害，从而实现自己的战略意图，最终赢得战争的胜利。

✲ 原典

(一)凡用兵之法,将受命于君,合军聚众,圮地无舍[①],衢地[②]交合,绝地[③]无留,围地[④]则谋,死地[⑤]则战。

【注释】①圮(pǐ):倒塌、毁坏之意。舍:止,指宿营。

②衢(qú)地:四通八达之地。

③绝地:离开本国到别的国家境内去打仗。

④围地:难以出入之地。

⑤死地:走投无路之地。

【译文】大凡用兵的原则,将领接受国君的命令,召集人马组建军队,在难以通行之地不要驻扎;在四通八达的交通要道要与四邻结交;在难以生存的地区不要停留,要赶快通过;在四周有险阻,容易被包围的地区要精于谋划;误入死地则须坚决作战。

(二)涂有所不由[①],军有所不击,城有所不攻,地有所不争,君命有所不受。

【注释】①涂:同"途",路途、道路。由:通过、经过。

【译文】有的道路不要走,有些敌军不要攻,有些城池不要占,有些地域不要争,君主的某些命令也可以不接受。

(三)故将通[①]于九变之地利者,知用兵矣;将不通于九变之利者,虽知地形,不能得地之利矣。

【注释】①通：通晓。

【译文】所以将帅精通“九变”的具体运用，就是真懂得用兵了；将帅不精通“九变”的具体运用，就算熟悉地形，也不能得到地利。

（四）是故智者之虑，必杂于利害①。杂于利而务可信②也，杂于害而患可解③也。

【注释】①杂于利害：兼顾到利、害两方面。

②务可信：所务之事可以完成。务：指战斗任务。信：同“伸”，伸张、伸展。这里是顺利发展的意思。

③解：化解、消除。

【译文】因此，智慧明达的将帅考虑问题，必然把利与害一起权衡。在考虑不利条件时，同时考虑有利条件，大事就能顺利进行；在看到有利因素时，同时考虑到不利因素，祸患就可以排除。

（五）无恃①其不来，恃吾有以待②也；无恃其不攻，恃吾有所不可攻也。

【注释】①恃：倚仗、依赖。这里也有希望的意思。

②有以待：指做好充分准备。

【译文】不抱敌人不会来的侥幸心理，而要依靠我方有充分准备，严阵以待；不抱敌人不会攻击的侥幸心理，而要依靠我方坚不可摧的防御，才不会失败。

(六)故将有五危[①]:必死,可杀也[②];必生[③],可虏也;忿速[④],可侮也;廉洁[⑤],可辱也;爱民,可烦也[⑥]。

【注释】①五危:五种危及将帅及军队的情形。

②必死,可杀也:只知固执地死打硬拼,就会有被杀的危险。必:固执之意。

③必生:只求活着,指贪生怕死,临阵怯战。

④忿速:指急躁易怒。忿:怒,生气。速:快,此作"急躁"解。

⑤廉洁:洁身清廉,爱惜名节。

⑥爱民,可烦也:将帅溺于民众眼前利益,不知从全局把握问题,就容易为敌所乘,有被动烦劳的危险。

【译文】所以将领有五种致命的危险:坚持死拼硬打,可能招致杀身之祸;临阵畏缩,贪生怕死,则可能被俘;性情暴躁易怒,可能受敌轻侮而失去理智;过分洁身自好,珍惜声名,可能会被羞辱引发冲动而中敌人圈套;过于爱护民众的,可能受不了敌方的扰民行动而不能采取相应的对敌行动,终陷于被动。

✲ 要义

随机制敌,因敌制变,不拘常法,出奇制胜,是孙子军事思想的灵魂。《九变篇》围绕将帅指挥作战要随机应变、灵活机动这一军事思想,主要论述了4个问题:用兵贵在变通,决策权衡利弊,备战不存侥幸,将帅力戒偏执。

(一)权变的方法——通晓“九变”

本篇中,孙子列举了5种不同地理条件下“有所为”的情况,即“圮地无舍,衢地交合,绝地无留,围地则谋,死地则战”。紧接着,孙子又指出5种“有所不为”的情况,即“涂有所不由,军有所不击,城有所不攻,地有所不争,君命有所不受”。是“有所为”还是“有所不为”,则由将帅在实战中因时、因地、因情、因敌制宜,根据具体情况灵活变化,而不囿于一时一地之得失。孙子将将帅能否通晓“九变”的利弊,看成是是否懂得用兵,是否能因时因地制胜的重要标志。

(二)权变的依据——杂于利害

权变是用兵的灵魂、制胜的关键。将帅如何才能高明地驾驭“九变”呢?那就是“智者之虑,杂于利害”。任何军事行动都是利害共存的。明智的决策者考虑问题,总是兼顾利害两个方面。危险,并非由于不利因素的存在,而在于知利而不知害。将帅认识到军事斗争的利害之后,就要采取各种手段,加大对敌方“害”的力度,扩大自己在军事斗争中“利”的因素,从而扩大自己的优势,实现己方的战略目的。

(三)权变的基础——综合实力

任何战争都是建立在战备和实力的基础上的。任何一场战争,无一不是“智”与“力”这两大因素的比拼。在“智”与“力”之间,“力”是起决定作用的。“智”只有在“力”的前提下才能把作用发挥得淋漓尽致。“智”只能赢得一时,“力”才能保持长久的优势。因而在战争中,将帅不要存有任何侥幸心理,要积极备战,严阵以待。除了做好屈敌、役敌的工作,更要做好自身的利害转化工作,变不利为有利,使敌人无隙可乘,真正做到“有所不可攻”,从而立于不败之地。

(四)权变的核心——将帅素养

将帅的素养、性格在很大程度上能够决定双方争斗的结局,所以《计篇》提出了以“智”为首的将帅“五德”的素质构成。本篇中提出的“将之五危”,则是对将帅“五德”的重要补充。将帅修养上的这五种缺陷会导致“覆军杀将”的严重后果:“必死”可能被杀;“必生”可能被俘虏;“忿速”则会失去理智;“廉洁”可能会遭到侮辱;“爱民”则会被敌人烦劳。因此,将帅必须加强修养,全面提高自身的素质。既要斗勇,又要斗智,还要有成熟的、健康的心理素质和性格特点做支撑。唯有如此,将帅才能以过硬的心理素质临阵指挥、灵活应变。

思考

(一)孙子认为,在一定条件下可以“君命有所不受”,如何理解?

(二)“必死”“廉洁”“爱民”等应当说是优点,可为何孙子将之视为“将帅之危”?谈谈你的理解。

✲ 延伸阅读

井陉之战

公元前204年,刘邦以韩信为主帅,率领数万汉军攻打赵国。赵王歇和成安君陈馀闻讯,在井陉口(今河北井陉)集结20万大军迎击。韩信先是派出2 000汉军轻骑埋伏在赵军营垒侧翼,又派遣10 000士兵开出营寨,背靠河水摆开阵势。

是日天亮,韩信亲自率领汉军,向井陉口东边的赵军掩杀过去。两军混战在一起。韩信佯装战败,向后撤退,与事先在那里背水列阵的部队会合。赵王歇和陈馀不知是计,率军追击,倾全力猛攻汉军的背水阵营。

汉军士兵前有强敌,后有水阻,无路可退,所以人人死战、个个拼命。这时,埋伏在赵军营垒侧翼的汉军2 000轻骑,则乘赵军大营空虚无备,袭占赵营。他们迅速拔下赵军所有旗帜,换上汉军战旗。当赵军发现无法打败汉军,想退回营地时,却发现自己的营垒中尽是汉军旗帜,误以为赵军已败,于是惊慌失措,四处逃窜。在此有利形势下,汉军前后夹击,大获全胜。

井陉之战,关键在于韩信不拘常法,灵活用兵。他利用"兵士甚陷则不惧,无所往则固,深入则拘,不得已则斗"这一心理状态,充分发挥士兵的主观能动性,有计划地制造和利用赵军的误判,奇正并用,背水列阵,灵活用兵,出奇制胜,速战速决,从而一举全歼赵军,谱写了中国古代战争史上的精彩篇章。

李世民的"地有所不争"

隋朝末年，群雄并起，中原成为隋朝统治者和农民起义军等势力争夺的中心。李渊集团从太原起兵后，乘虚夺取关中，据为根本。后来，刘武周出兵攻占太原。李世民奉命率军反击，击败刘武周军，收复失地。这时，有隋将秘密传信，欲献洛阳。洛阳是有名的古都，也是中原的战略重镇，这样的诱惑任谁都会动心。

然而，李世民在权衡利弊后，果断做出了放弃洛阳的决定，理由有三：一则当时李氏的实力还不足以逐鹿中原，放弃洛阳，可以避免过早地卷入群雄纷争的旋涡，维持与瓦岗军名义上的同盟关系，掩盖自己夺取天下的企图；二则利用各方势力相互争夺之机，巩固以关中为中心的根据地，为最终夺取天下奠定基础；三则隔岸观火，保存实力，坐收渔翁之利。

历史证明，李世民放弃洛阳的决定是正确和极富远见的。相反，在中原地区混战的农民起义军和隋朝残余势力，由于忙于争夺地盘，实力不断衰弱，而李氏集团则在关中日益强大起来，最终夺取天下，成为最终的赢家。

✲ 原文

孙子曰：凡用兵之法，将受命于君，合军聚众，圮地无舍，衢地交合，绝地无留，围地则谋，死地则战。涂有所不由，军有所不击，城有所不攻，地有所不争，君命有所不受。

故将通于九变之地利者，知用兵矣；将不通于九变之利者，虽知地形，不能得地之利矣。治兵不知九变之术，虽知五利，不能得人之用矣。

是故智者之虑，必杂于利害。杂于利而务可信也，杂于害而患可解也。

是故屈诸侯者以害，役诸侯者以业，趋诸侯者以利。

故用兵之法，无恃其不来，恃吾有以待也；无恃其不攻，恃吾有所不可攻也。

故将有五危：必死，可杀也；必生，可虏也；忿速，可侮也；廉洁，可辱也；爱民，可烦也。凡此五者，将之过也，用兵之灾也。覆军杀将，必以五危，不可不察也。

□ 译文

孙子说：大凡用兵的原则，将领接受国君的命令，召集人马组建军队，在难以通行之地不要驻扎；在四通八达的交通要道要与四邻结交；在难以生存的地区不要停留，要赶快通过；在四周有险阻，容易被包围的地区要精于谋划；误入死地则须坚决作战。有的道路不要走，有些敌军不要攻，有些城池不要占，有些地域不要争，君主的某些命令也可以不接受。

所以将帅精通“九变”的具体运用，就是真懂得用兵了；将帅不精通“九变”的具体运用，就算熟悉地形，也不能得到地利。指挥作战如果不懂“九变”的方法，即使知道“五利”，也不能充分发挥军队的战斗力。

因此，智慧明达的将帅考虑问题，必然把利与害一起权衡。在考虑不利条件时，同时考虑有利条件，大事就能顺利进行；在看到有利因素时，同时考虑到不利因素，祸患就可以排除。

因此，用最令人头痛的事去使敌国屈服，用复杂的事变去使敌国穷于应付，以利益为钓饵引诱敌国疲于奔命。

所以，用兵的原则是不抱敌人不会来的侥幸心理，而要依靠我方有充分准备，严阵以待；不抱敌人不会攻击的侥幸心理，而要依靠我方坚不可摧的防御，才不会失败。

所以将领有五种致命的危险：坚持死拼硬打，就可能招致杀身之祸；临阵畏缩，贪生怕死，则可能被俘；性情暴躁易怒，可能受敌轻侮而失去理智；过分洁身自好，珍惜声名，可能会被羞辱引发冲动而中敌人圈套；过于爱护民众的，可能受不了敌方的扰民行动而不能采取相应的对敌行动，终陷于被动。这五种情况，都是将领最容易犯的过失，是指挥用兵的灾难。军队覆没，将领牺牲，必定是由这五种危害引起的，因此一定要认识到这五种危害的严重性。

先秦时期主要防护装具简介

盾　古人也称为“干”，是一种手持的防护兵器。古代将士在作战时，通常左手持盾以掩蔽身体，右手持兵器击杀敌人，二者配合使用。古代的盾从形体上分有长方形、梯形、圆形、燕尾形；按制作材料可分为木、竹、藤、革、金属等。盾背后都装有把手。

图1　盾

铠甲　铠甲起源于原始社会时以藤、木、皮革等原料制造的简陋的护体装具。商与周时期，人们已将原始的整片皮甲改制成可以部分活动的皮甲，并把两层或多层的皮革片合在一起，表面涂漆，制成牢固、美观、耐用的甲片，再用绳编联成甲。人们在使用皮甲的同时，也开始在甲上使用一些青铜铸件，但并不普遍。战国后期，锋利的钢铁兵器逐渐用于实战，促使防护装具发生变革，铁铠开始出现。

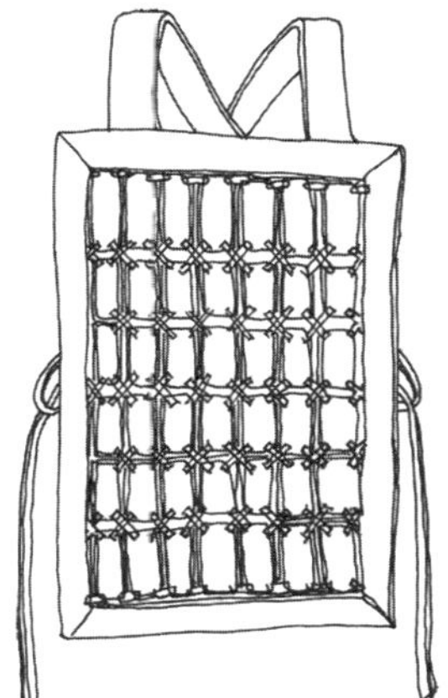

图2　铠甲

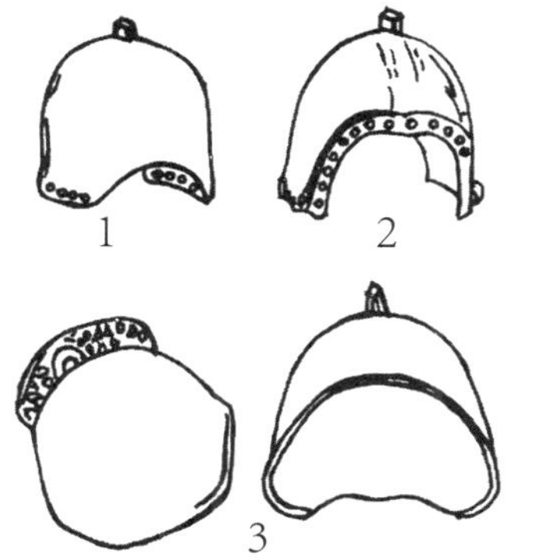

1.商周青铜胄　2.东周初期青铜胄
3.西周青铜胄

图3　商周青铜胄

胄　胄是护头的装具，金属制的又称为盔、鍪。先秦时的胄用合范铸造法铸造.铸缝将其均分为二，左右及后部向下延展，用以保护耳朵和颈部。不少铜胄正面铸出兽面纹饰，胄顶有铜管固定毛饰。

先秦主要战争述略

笠泽之战

公元前 482 年，吴王夫差率吴军主力北上赴黄池（今河南封丘西南）之盟，企图压制和报复晋国，称霸中原。越王勾践闻讯，亲自率领近 50 000 大军北上，直逼吴都姑苏（今江苏苏州）。留守的太子友在泓上（今江苏苏州近郊）组织防御，阻击越军。吴将王孙弥庸一向轻视越军，竟不听太子友的调遣，擅自率所部 5 000 人出战。在击败越军先头部队后，他更不把越军放在眼里。不久，勾践指挥大军赶到，将吴军分割围歼，俘太子友等。接着，越军乘胜追击，一举攻克姑苏城，缴获无数。此战，成为吴、越两国实力变化的转折点。

公元前 478 年，吴国发生罕见的饥荒。三月，勾践亲率大军北上伐吴。夫差也调兵遣将，出城迎敌。双方隔笠泽（水名，今江苏苏州城南）对阵。夜半时分，越军预先埋伏的两支兵马同时擂鼓呐喊，佯攻诱敌。夫差上当，下令分兵御敌。而这时的越军主力则在勾践的率领下，从中路悄悄渡江，出其不意地直插吴军的大本营。吴军最终被分割围歼，精锐丧失殆尽。吴王夫差仅率少数残兵逃回姑苏城苟延残喘，吴国的灭亡遂成定局。

行军篇

《九变篇》论述行军打仗，要通“九变”之利，达“九变”之术，做到机变行事。《行军篇》则是承接《九变篇》，继续论述无论“处军”，还是“相敌”，都要依据战场形势灵活多变。《行军篇》中，行，音“háng”，行列、阵势之意。行军，意为排兵布阵。《行军篇》主要论述行军作战的要领和观察判断敌情的方法，涉及3个问题：一是“处军”之法，“处军”是指行军作战中在各种地形上如何处置；二是“相敌”之法，“相敌”是指如何观察和判断敌情；三是“治军”之道，提出了“令之以文，齐之以武”的治军思想。

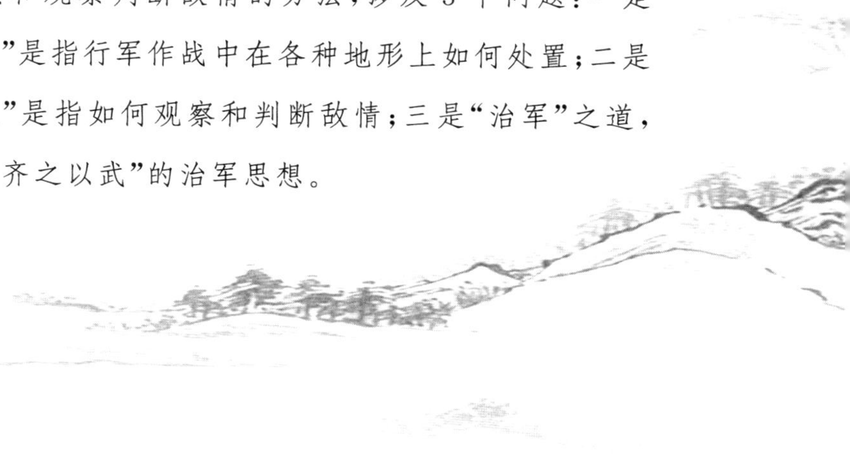

✲ 原典

(一)凡军好高[1]**而恶下**[2]**,贵阳而贱阴,养生而处实**[3]**,军无百疾,是谓必胜。**

【注释】①高:高地。

②下:洼地。

③实:充实,指军需物资供应便利而丰厚。

【译文】大凡驻军,总是喜好干燥的高地而厌恶潮湿的洼地,要求向阳,回避阴湿,驻扎在接近水草和地势高的地方,将士就不至于患上各种疾病,这是军队制胜的一个重要条件。

(二)此兵之利,地之助也。

【译文】这些对于用兵有利的措施,得益于地形的辅助。

(三)兵非益多[1]**也,唯无武进**[2]**,足以并力、料敌、取人**[3]**而已;夫唯无虑而易**[4]**敌者,必擒于人。**

【注释】①益多:以多为益。

②无武进:不要倚仗武力冒进。

③并力:集中兵力,同心协力。料敌:分析判断敌情。取人:取信于人,争得支持。

④易:蔑视。

【译文】用兵打仗不在于兵力越多越好,只要不轻敌冒进,并能集中兵力，判明敌情，取得部下的信任和支持，就能战胜敌人。那种无深谋远虑而又轻敌妄动的人，势必成为敌人的俘虏。

（四）卒未亲附而罚之则不服，不服则难用也。卒已亲附而罚不行，则不可用也。故令之以文，齐之以武①，是谓必取②。

【注释】①令之以文，齐之以武：用恩赏、道义来团结、感化士卒，用军纪、刑罚来约束、管理士卒。文：指赏。武：指罚。

②必取：必定取胜。

【译文】将帅在士卒尚未亲近依附时，就贸然处罚士卒，那士卒一定不服，不服就难以使用他们去打仗；如果士卒对将帅已经亲近依附，仍不执行军纪军法，这样的军队也是不能打仗的。所以，要用“文”的手段，即用道义教育士卒，用“武”的方法，即用军纪军法来统一步调，这样的军队战之必胜。

（五）令素行①以教其民，则民服；令素不行以教其民，则民不服。令素行者，与众相得也。

【注释】①素行：一贯执行。素：平素，平时。

【译文】平时能认真执行命令、教育士卒，士卒就能养成服从的习惯；平时不认真执行命令、教育士卒，士卒就会养成不服从的习惯。平时能认真执行命令，是将帅与士卒相互取得信任的缘故。

✼ 要义

(一)“处军”与“相敌”

“处军”与“相敌”是《行军篇》中的主要内容。所谓“处军”，就是部队在不同地形条件下的驻扎、宿营和部署。孙子一共讲了4种地形，即山地、江河、沼泽地和平地，他认为只要掌握了这些地形条件的处军之法，就能得“四军之利”了。所谓“相敌”，指的是战场观察，即通过各种征兆来判断敌情。孙子根据战场观察，总结出了“相敌三十二法”，旨在通过周密的战场侦察和由表及里、去伪存真的分析推理，对敌人的真实情况做出正确的判断。这是将帅做出正确决策的依据。

(二)“兵非益多”的精兵思想

孙子说：“兵非益多也，唯无武进，足以并力、料敌、取人而已；夫唯无虑而易敌者，必擒于人。”孙子认为兴兵作战并不是用兵多多益善，关键在于作战指挥者不要倚仗武力冒进，轻视敌人，而要做到集中优势兵力，准确判断敌情，取得部下信任和支持，必能取得战争胜利。精兵思想对于军队建设具有重要的指导作用，建设一支精干勇猛的军队，能够极大地提高军队的战斗力，这得到了后来无数兵家的一致认可和推崇。

(三)“令之以文,齐之以武”的治军观

孙子在此篇中还提出了他的治军观。对于军队管理,孙子治军思想的核心是“令之以文,齐之以武”。狭义地说,“文”“武”可解释为赏与罚、教育与纪律、爱抚与严刑等;广义而言,则可解释为文治与武备、经国与整军等。孙子认识到了“文”“武”的辩证关系,二者相辅相成,缺一不可。其中,“文”居首位,孙子主张先用“文”的手段使士卒亲附,然后再用“武”的手段严格治军,有恩于前,立威于后,避免惩罚还没有亲附的士卒,更避免培养出已经亲附却不听命令的士卒。因此,必须文武兼重,使之相互促进、相得益彰。

✲ 思考

(一)本篇中,孙子提到的“知彼”手段有哪些?这些手段在今天还行得通吗?

(二)孙子的治军思想强调“文”“武”两手抓,此外,你认为还有其他治军思想吗?

✲ 延伸阅读

周亚夫之“令素行”

西汉时期,周亚夫作为将军,带领军队抗击匈奴,把军队驻扎在一个叫细柳的地方。有一次,汉文帝亲自到细柳营去慰问军队。汉文帝的先行引导人员先到达军营前,说:“皇上马上就要到了,开门。”守卫军营的将官说:“我们的将军命令说,军中只听将令。”过了一会儿,汉文帝亲自来到营门前,只见士兵们披盔戴甲,手拿锋利的兵刃,张开弓箭,把弓拉满,戒备森严。守门的士兵没有因为是皇上就让他进入军营。于是汉文帝只得派使者拿着符节去告诉周亚夫说:“吾欲入劳军。”周亚夫这才传令打开军营大门。守卫军营的将官对皇帝的随从说:“将军命令,军营里不能骑马。”于是平日里飞扬跋扈的皇帝随从也只能下马拉着缰绳,慢慢前行。

因为周亚夫治理军队严明,号令如山,军容威严,所以汉文帝称赞周亚夫将军为“真将军”。

马谡失街亭

街亭之战,发生在诸葛亮第一次北伐期间,也是这次北伐战争中的一场决定性战事。此战,蜀将马谡一味固守军事教条,不懂灵活用兵,在“处军”问题上犯下关键性失误,致使蜀军被围,惨遭失利。

公元228年,诸葛亮率军攻打曹魏,声称由斜谷道攻取郿县,并派赵云、邓芝为疑军,据箕谷,引诱曹真前去防守郿县,诸葛亮则亲率诸军进攻祁山,发动第一次北伐。诸葛亮北伐使得天水、南安和安定三郡叛魏响应,关中震动,魏明帝更是亲自到长安督战，并派张郃抗击蜀军。

诸葛亮出兵祁山时，众人都建议用旧将魏延、吴懿等人任先锋，但诸葛亮不听，而是任命自己十分赏识的参军马谡为先锋。然而，战争中马谡违背诸葛亮的指挥调度，军事行动混乱无章，放弃水源，上山驻扎，不在山下据守城邑。裨将王平曾多番规劝，但马谡没能采纳。张郃率军赶到后，包围南山，又断绝山上马谡军的水源，而后大举进击，大破马谡军，蜀军士卒四散，溃不成军。只有王平率领的 1 000 人擂响战鼓，把守营地，张郃怀疑有伏兵不敢往前逼近。于是，王平才得以缓缓地收拢各部散余的士兵，率领人马返回。马谡失守街亭后，诸葛亮北伐失去重要据点，进退无据，无法再战，于是率军撤回汉中，第一次北伐即以失败告终。战后，诸葛亮"挥泪斩马谡"，以正军法。

此战，马谡用兵呆板，不知变通，一味固守"处军""好高而恶下"的原理教条，忽视"养生而处实"的重要性，断绝水源，自绝活路，最终致使蜀军大败。

✲ 原文

孙子曰：凡处军相敌，绝山依谷，视生处高，战隆无登，此处山之军也。绝水必远水；客绝水而来，勿迎之于水内，令半济而击之，利；欲战者，无附于水而迎客；视生处高，无迎水流，此处水上之军也。绝斥泽，唯亟去无留；若交军于斥泽之中，必依水草而背众树，此处斥泽之军也。平陆处易而右背高，前死后生，此处平陆之军也。凡此四军之利，黄帝之所以胜四帝也。

凡军好高而恶下，贵阳而贱阴，养生而处实，军无百疾，是谓必胜。丘陵堤防，必处其阳而右背之，此兵之利，地之助也。上雨，水沫至，欲涉者，待其定也。

凡地有绝涧、天井、天牢、天罗、天陷、天隙，必亟去之，勿近也。吾远之，敌近之；吾迎之，敌背之。军行有险阻、潢井葭苇、山林翳荟者，必谨复索之，此伏奸之所处也。

敌近而静者，恃其险也；远而挑战者，欲人之进也；其所居易者，利也。众树动者，来也；众草多障者，疑也；鸟起者，伏也；兽骇者，覆也。尘高而锐者，车来也；卑而广者，徒来也；散而条达者，樵采也；少而往来者，营军也。辞卑而益备者，进也；辞强而进驱者，退也；轻车先出居其侧者，陈也；无约而请和者，谋也；奔走而陈兵车者，期也；半进半退者，诱也。杖而立者，饥也；汲而先饮者，渴也；见利而不进者，劳也。鸟集者，虚也；夜呼者，恐也；军扰者，将不重也；旌旗动者，乱也；吏怒者，倦也；粟马肉食，军无悬缻，不返其舍者，穷寇也；谆谆翕翕，徐与人言者，失众也；数赏者，窘也；数罚者，困也；先暴而后畏其众者，不精之至也；来委谢者，欲休息也。

兵怒而相迎，久而不合，又不相去，必谨察之。

兵非益多也，唯无武进，足以并力、料敌、取人而已；夫唯无虑而易敌者，必擒于人。

卒未亲附而罚之则不服，不服则难用也。卒已亲附而罚不行，则不可用也。故令之以文，齐之以武，是谓必取。令素行以教其民，则民服；令素不行以教其民，则民不服。令素行者，与众相得也。

□ 译文

孙子说：凡军队行军作战和观察判断敌情，应该注意，在通过山地时要靠近有水草的谷地；驻扎时，要选择“生地”，居高向阳；如果敌军占据高地，不要仰攻，这些是在山地行军作战的处置原则。横渡江河，要在离江河稍远的地方驻扎；如果敌军渡河前来进攻，不要在江河中迎击，而要乘敌军部分已渡、部分未渡半渡时予以攻击，这样比较有利；如果要与敌军交战，那就不要靠近江河迎击他；在江河地带驻扎，也要居高向阳，切勿在敌军下游低凹地驻扎或布阵，这些是在江河地带行军作战的处置原则。通过盐碱沼泽地带时，要迅速离开，不宜停留；如在盐碱沼泽地带与敌军相遇，那就要占领有水草且靠树林的地方，这些是在盐碱沼泽地带行军作战的部署原则。在平原地带驻军，要选择地势平坦的地方，最好背靠高处，前低后高，这些是平原地带行军作战的处置原则。以上四种“处军”原则的好处，是黄帝能够战胜“四帝”的重要原因。

大凡驻军，总是喜好干燥的高地而厌恶潮湿的洼地，要求向阳，回避阴湿，驻扎在接近水草和地势高的地方，将士就不至于患上各种疾病，这是军队制胜的一个重要条件。丘陵、堤防驻军，必须驻扎在向阳的一面，并且要背靠着它，这些对于用兵有利的措施，得益于地形的辅助。河流上游下暴雨，看到水沫漂来，要等水势平稳以后再渡，以防山洪暴至。

凡是遇到绝涧、天井、天牢、天罗、天陷、天隙等地形，必须迅速避开不要靠近。我远离它，让敌军去接近它；我面向它，让敌军去背靠它。军队在山川险阻、芦苇丛生的低洼地，草木繁茂的山林地区行动，必须仔细反复地搜索，因为这些都是容易隐藏伏兵和奸细的地方。

敌军离我很近仍保持镇静的，是倚仗他据有险要的地形；敌军离我很远又来挑战的，是企图诱我前进；敌军不居险要而居平地，定有它的好处和用意。树林里有很多树木摇动的，是敌军向我袭来；在草丛中设有许多遮蔽物的，是敌军企图迷惑我；鸟儿突然飞起，是下面有伏兵；走兽受惊猛跑，是敌军大举来袭。飞尘高而尖的，是敌军战车向我驶来；飞尘低而广的，是敌军步卒向我奔来；飞尘分散而细长的，是敌军在打柴；飞尘少而时起时落的，是敌军察看地形，准备设营。敌方使者言词谦卑而实际上又在加紧战备的，是要向我进攻；敌方使者措辞强硬而军队又向我进逼的，是准备撤退；敌方战车先出并占据侧翼的，是布列阵势，准备作战；敌方没有预先约定而突然来请求议和的，其中必有阴谋；敌方急速奔走并展开兵车的，是期待与我交战；敌方半进半退的，可能是伪装混乱来引诱我。敌兵倚仗手中的兵器站立的，是饥饿缺粮；敌兵从井里打水而急于先饮的，是饥渴缺水；敌兵见利而不前进的，是由于疲劳过度。敌方营寨上有飞鸟停集的，说明营寨已空虚无人；敌营夜间有人惊呼的，说明敌军心里恐惧；敌营纷扰无秩序的，是其将帅没有威严；敌营旌旗乱动的，是其阵形混乱；敌方官吏急躁易怒，是敌军过度困倦；敌方用粮食喂马，然后宰杀战马吃肉，收起炊具，不返回营寨的，是陷入绝境；敌兵聚集一起私下低声议论，是其将领不得众心；再三犒赏士卒的，说明敌军已没有别的办法；一再重罚部属的，是敌军陷于困境；将帅先对士卒凶暴后又畏惧士卒的，说明其太不精明了；敌方借故派使者来谈判的，是想休兵息战。

敌方盛怒前来，但久不接战，又不离去，必须谨慎观察其企图。

用兵打仗不在于兵力越多越好，只要不轻敌冒进，并能集中兵力，判明敌情，取得部下的信任和支持，就能战胜敌人。那种无深谋远虑而又轻敌妄动的人，势必成为敌人的俘虏。

将帅在士卒尚未亲近依附时，就贸然处罚士卒，那士卒一定不服，不服就难以使用他们去打仗；如果士卒对将帅已经亲近依附，仍不执行军纪军法，这样的军队也是不能打仗的。所以，要用“文”的手段，即用道义教育士卒，用“武”的方法，即用军纪军法来统一步调，这样的军队战之必胜。平时能认真执行命令、教育士卒，士卒就能养成服从的习惯；平时不认真执行命令、教育士卒，士卒就会养成不服从的习惯。平时能认真执行命令，是将帅与士卒相互取得信任的缘故。

先秦时期战车与骑兵简介

战车 古代战车指承载战士进行车战、野战用的木质战车。根据记载，夏王启指挥的甘之战中便使用了战车。此后战车逐渐成为军队的主要装备，车战也成了作战的主要方式。商朝末年，在周武王伐纣的牧野之战中，动用战车 300 乘。春秋时随着战争规模的扩大，战车成为衡量一个国家实力的标准，出现了“千乘之国”“万乘之国”。

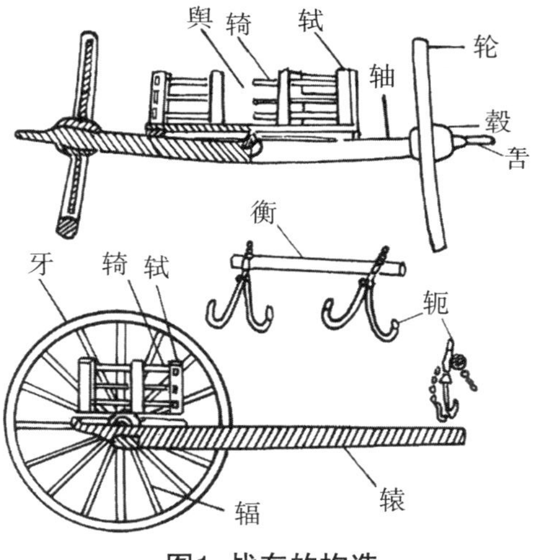

图1 战车的构造

骑兵 战国时代，步兵、骑兵结合的新型军队开始出现。北方游牧民族机动灵活的骑兵给各诸侯国带来重大困扰和打击，所以各国开始组建骑兵部队。赵国的赵武灵王更是通过“胡服骑射”使赵国成为能与强秦抗衡的军事强国。战国及秦代的骑兵配有鞍鞯，但是没有马镫，十分不便，所以常作为突袭敌人的手段使用，可以看作是骑马的步兵。

先秦主要战争述略

晋阳之战

经过百余年的争霸斗争，晋国国力消耗殆尽。伴随着对外作战的失败，国君威信扫地，而各大宗族则相互攻伐。几经兼并，至公元前 458 年，仅剩下智、魏、赵、韩四家。由于兼并过程中获益最多，智伯一跃成为“四卿”之首，开始把持朝政。公元前 455 年，智伯向韩、魏索取万户之邑各一。韩康子、魏桓子因实力不足，只好答应。而贪婪的智伯得陇望蜀，又向赵襄子提出土地要求，被断然拒绝。智伯大怒，调动大军进攻赵氏，并胁迫韩、魏出兵相助。赵襄子依托城高墙厚、粮草充足的晋阳城（今山西太原西南）进行防御。这样，一场旷日持久的城池攻防战拉开了序幕。

智伯自恃人多，开始发动猛攻，企图毕其功于一役。然而几个月下来，除了损失不少人马，晋阳城却岿然不动。不得已，智伯只好改急攻为长围久困。然而赵襄子早在晋阳囤积了足够的粮食和武器。长达一年多的围困仍未能损赵分毫，却让智伯在政治上更加趋于被动。

这时，雨季来临。望着急倾的暴雨，智伯终于想出了引晋水灌城的办法。守城军民不得不支棚而居、悬锅而饮，但抵抗的意志没有丝毫的动摇，几个月下来，仍然顽强地将智氏联军阻挡在危城之外。赵襄子与谋士张孟谈从联军进攻时的微妙变化，看出了韩、魏消极应付的态度，于是定下了一条扭转战局的妙计。

一天深夜，张孟谈悄悄缒出城外，秘密会见了韩康子与魏桓子，向他们陈说唇亡齿寒的利害关系，建议三家联合起来消灭智氏，平分其土地。正苦思自保之计的韩康子与魏桓子闻言大喜，欣然同意。在一个漆黑的夜晚，三家展开联合行动。数百名赵国勇士缒城而出，悄然而迅速地移向大坝，在韩、魏的配合下，袭杀守堤的智氏官兵，掘开堤坝倒灌智氏军营。赵襄子乘机率军出击，韩、魏军队也从侧翼夹攻，一举擒杀智伯，灭其宗族。

晋阳之战标志着以争霸为主流的战争的终结和以土地兼并为本质的战争的到来。

地形篇

战争，是在一定的时间和空间中进行的。而在不同空间中存在着十分复杂的地形，如何充分利用和发挥地形优势，事关战争成败。对此，孙子说:“夫地形者，兵之助也。”这可以说是对地形作用于战争胜负的准确定位。在其他篇章中，孙子也多次提及地形的作用，并将其视为辅助战争胜利的重要条件。本篇中，他从实战的要求出发，阐述了行军作战中可能会遇到的6种地形条件，并给出了相应的处置措施，实现了地形上的巧妙利用、趋利避害。

✲ 原典

(一)凡此六者,地之道[①]也,将之至任[②],不可不察[③]也。

【注释】①道:道理,原则。

②至任:重大的责任。

③察:认真考察。

【译文】以上六点,是有效利用地形的原则。这是将帅的重大责任,不可不认真考察和研究。

(二)夫地形者,兵[①]之助也。

【注释】①兵:指用兵打仗。

【译文】地形,是用兵打仗的辅助条件。

(三)料[①]敌制胜,计险厄[②]远近,上将之道[③]也。

【注释】①料:判明,判定。

②险厄:地势险要的地方。厄:险要。

③道:指职责。

【译文】正确判明敌情,制订取胜计划,研究地形的险易,计算道路的远近,这些都是将帅的职责。

(四)故进不求名,退不避罪,唯人是保[1],而利合[2]于主,国之宝也。

【注释】①保:保全。

②合:符合,相同。

【译文】所以作为将帅,应该进不贪求战胜的功名,退不回避罪责,只求国家和军队得以保全,符合国君的根本利益,这样的将帅才算是国家宝贵的人才。

(五)视[1]卒如婴儿,故可与之赴深谿[2];视卒如爱子,故可与之俱死。

【注释】①视:看待,对待。

②深谿(xī):深处的溪流,泛指危险的地带,此处指可以与人共患难。

【译文】将帅对士卒能像对待婴儿一样体贴,士卒就可以跟随将帅赴汤蹈火;将帅对士卒能像对待自己的爱子一样,士卒就可以与将帅同生共死。

(六)厚[1]而不能使,爱而不能令[2],乱而不能治,譬若骄[3]子,不可用也。

【注释】①厚：厚待，优待，指待遇比较丰厚。

②令：教育。

③骄：同“娇”，宠爱、溺爱。

【译文】对士卒如果过分厚养而不能使用，一味溺爱而不能驱使，违反了纪律也不能严肃处理，这样的军队，就好比娇惯坏了的孩子一样，也是不能用来打仗的。

（七）知彼知己，胜乃不殆[1]；知天知地，胜乃不穷[2]。

【注释】①殆：危险。

②穷：穷尽。

【译文】了解对方，了解自己，就能必胜不败；了解天时，了解地利，胜利就不会有穷尽。

✲ 要义

（一）“六形”——巧妙利用地形是战争取胜的法宝

在战场上，地形是军队作战的依托和舞台。掌握和利用地形地理，对于战争的胜负非常重要。军队在作战行动中只要占领有利的地形，就等于掌握了主动。当军队的部署与地形条件相符时，就能发挥巨大的威力，确保作战胜利；反之，战斗力的发挥就会受到影响。在本篇中，孙子从当时冷兵器时代的实际情况出发，将军队在作战中可能遇到的战场地形分为6种——“通形”“挂形”“支形”“隘形”“险形”“远形”，且提出了具体又适宜的用兵方法。同时他也强调，地形纵然关键，但主帅的决策能力更为重要。

（二）“六败”——决定战争胜负的根本因素在于将帅

虽然在战场上，地形的因素尤为重要，但是孙子认为外因能通过内因起作用，即战争取胜的关键因素并非上述的6种作战地形，而在于将领的自身素质。孙子在本篇中，从将领的素质出发，提出了战败的6种原因，即“六败”——“走”“弛”“陷”“崩”“乱”“北”。

孙子详细剖析了“六败”的具体原因和主要表现，并适时指出一场战役的失败应该归咎于主帅，即“非天之灾，将之过也”。将帅的因素对战争结果的影响是至关重要的。只有将地形等外在因素与将帅指挥的内在因素相互结合，一支军队才能所向披靡、战无不胜。

（三）“进不求名，退不避罪”——将帅的修养和境界

战争无论正义与否，都会对人民的生命财产安全造成影

响，甚至损伤。所以，为了尽量减少战争的负面影响，就需要将帅具备良好的品德素养。孙子认为，一个主帅必须具备“智、信、仁、勇、严”5种品德能力，同时具备戒除危险的修养，力避“为将五危”。当然，最关键的是要不慕名利、不图富贵、不推卸责任、不逃避惩戒，时刻将国家安危和人民利益放在首位，将个人生死荣辱置之度外，即“进不求名，退不避罪，唯人是保，而利合于主”。这既是孙子对将领素质的要求，又是期望，体现了一种高尚的修养和境界。

(四)宽严相济——将帅处理官兵关系的主要原则

孙子认为，一名合格的将帅，不仅要熟知地形的要理，处理好与国君之间的关系，还要会带兵。对待士兵，一方面要爱护有加，即“视卒如婴儿”“视卒如爱子”，唯有像爱自己的孩子一样去爱士兵，才能得到士兵们的真心拥护，让士兵为自己赴汤蹈火、奋勇杀敌，即“可以与之赴深谿”“可与之俱死”；另一方面，对待士兵，在爱护的同时，也要法纪严明、治理有序，爱兵但不能娇惯，否则便会“厚而不能使，爱而不能令，乱而不能治，譬若骄子，不可用也”。如此，才能建立良好的官兵关系，才能保证军队的士气旺盛、内部和谐。

✲ 思考

（一）地形在战争中的作用不容小觑。同学们，请想一想，古今中外都有哪些巧用地形取胜的著名战役？

（二）你心目中的优秀将领应该是什么样子的？说一说你的看法。

✲ 延伸阅读

钓鱼城之战

在中国军事史上，有一座抗敌36年的著名城池——钓鱼城。这座“一夫当关，万夫莫开”的城池，在南宋与蒙古数十年的征战中，前后历经大小战斗200余次，立下了汗马功劳。这一切都取决于它易守难攻的地理优势。可以说，钓鱼城之战，将《孙子兵法》中活用地形取胜的思想展现得淋漓尽致。

钓鱼城坐落在今重庆市合川区城东5 000米的钓鱼山上。这座山山势陡峭，相对高度约300米，山下嘉陵江、渠江、涪江三江汇流，南、北、西三面环水，地势十分险峻。同时，这里既有山水之险，又有交通之便，水路和陆路均可通过，由此甚至可达四川各地。

1240年，为了抗击蒙古军，南宋朝廷派人在钓鱼山上筑寨。1243年，朝廷再次派人修筑钓鱼城，同时迁合州治所于此，派遣重兵环绕，使得钓鱼城成为控扼嘉陵江的要冲。1254年，大将王坚担任合州主将，继续大规模修城设防，陕南、川北等地百姓纷纷迁来，钓鱼城一时间成为军事重镇。

1258年，蒙古大汗蒙哥率领主力大军进驻四川，攻克了很多城池，唯独钓鱼城巍然耸立，难以攻克，成了阻挡蒙古军队的有力屏障。据史料记载，蒙哥大汗亲率重兵前后几次迅猛攻城，但始终不能攻破钓鱼城，且接连折损几员大将。后来，蒙哥大汗也身受重伤，并于次年七月死于军中。随后，蒙古高层发生动荡，爆发了一场争夺汗位的内战，一时间无暇继续对南宋征战，南宋朝廷得以保全。

后来，大将马千代替王坚，马千之后大将张珏又做合州主将。张珏在任期间，多次借钓鱼城的优越地形，打败蒙古军。1275年，王立又代张珏做合州主将。1279年，南宋灭亡，元世祖答应王立绝不伤害城中百姓，王立才开城投降，坚守了36年的钓鱼城最终失陷。

从1243年蒙古军入侵，到1279年开城降元，长达36年的抵抗蒙古军进攻的要塞防御战落下帷幕，而这座“独钓中原三十六年”的钓鱼城则成就了中国古代军事史上的一个奇迹，曾被研究世界战争史的学者称为“东方麦加城”。

巧用潍水胜强敌

公元前204年，韩信奉刘邦之命率军南下，攻打齐国。韩信连战连胜，攻克齐国国都临淄后，又挥师东下，追击齐王田广，直至高密以西的潍水附近。齐王田广紧急向楚王项羽求援，楚王派大将龙且率20万大军，火速赶来援救齐国。楚汉两军对峙于潍水两岸，都在寻找击败对方的办法。

楚军大将龙且，能征善战，威名卓著，前不久刚击败九江王英布，挟新胜之势，而且兵力雄厚，加上齐兵共有25万人。韩信兵力只有5万人，力量远不如楚军，且离后方较远，无法获得粮草，不能持久作战。

面对强敌，韩信深知靠力战不能取胜，只能采用奇袭的办法，借用潍水之力方能战胜有绝对优势的楚齐联军。

韩信首先派出部分兵力，夜半携带大量的沙袋，在潍水的上游堵塞水流；又派部分兵力在潍水西岸列阵，准备迎击楚军。部署完毕后，韩信率主力，乘潍水被堵塞，水位下降之机，涉过潍水，向楚军进攻。龙且见汉军来攻，立即挥军迎战。经过激烈交锋，汉军佯败，退回到潍水的西岸。龙且见汉军后退，得意忘形，就命令部队全力渡河追击汉军。

韩信见龙且指挥楚军涉渡潍水，立即发出信号，命令担负堵塞水流的部队按计划掘开上游的沙坎。一时间河水急流而下，楚军阵形乱作一团。正在渡河的楚军被湍急的水流冲得七零八落，死伤无数；渡过河的部队被以逸待劳的汉军包围冲击，龙且被斩于阵前；没有渡河的部队群龙无首，惊慌失措，见过河楚军全部被歼，遂四散溃退。

韩信乘机挥军急渡潍水，追杀楚齐败军，一直追到城阳附近，俘虏了齐王田广，平定了整个齐国所辖地区。

✤ 原文

孙子曰：地形有通者，有挂者，有支者，有隘者，有险者，有远者。我可以往，彼可以来，曰通；通形者，先居高阳，利粮道，以战则利。可以往，难以返，曰挂；挂形者，敌无备，出而胜之；敌若有备，出而不胜，难以返，不利。我出而不利，彼出而不利，曰支；支形者，敌虽利我，我无出也；引而去之，令敌半出而击之，利。隘形者，我先居之，必盈之以待敌；若敌先居之，盈而勿从，不盈而从之。险形者，我先居之，必居高阳以待敌；若敌先居之，引而去之，勿从也。远形者，势均难以挑战，战而不利。凡此六者，地之道也，将之至任，不可不察也。

故兵有走者，有弛者，有陷者，有崩者，有乱者，有北者。凡此六者，非天之灾，将之过也。夫势均，以一击十，曰走。卒强吏弱，曰弛。吏强卒弱，曰陷。大吏怒而不服，遇敌怼而自战，将不知其能，曰崩。将弱不严，教道不明，吏卒无常，陈兵纵横，曰乱。将不能料敌，以少合众，以弱击强，兵无选锋，曰北。凡此六者，败之道也，将之至任，不可不察也。

夫地形者，兵之助也。料敌制胜，计险厄远近，上将之道也。知此而用战者必胜，不知此而用战者必败。故战道必胜，主曰无战，必战可也；战道不胜，主曰必战，无战可也。故进不求名，退不避罪，唯人是保，而利合于主，国之宝也。

视卒如婴儿，故可与之赴深谿；视卒如爱子，故可与之俱死。厚而不能使，爱而不能令，乱而不能治，譬若骄子，不可用也。

知吾卒之可以击，而不知敌之不可击，胜之半也；知敌之可击，而不知吾卒之不可以击，胜之半也；知敌之可击，知吾卒之可以击，而不知地形之不可以战，胜之半也。故知兵者，动而不迷，举而不穷。故曰：知彼知己，胜乃不殆；知天知地，胜乃不穷。

□ 译文

孙子说：地形有通、挂、支、隘、险、远等六类。我们可以去，敌人可以来的地域叫作通。在通形地域，应抢先占据地势高而向阳的地方，并保持粮道畅通，这样与敌交战就有利。可以前进，不易返回的地域叫作挂。在挂形地域，敌军如无防备，就要突然出击战胜他；如果敌军有防备，我出击不能取胜，就难以返回，于我不利。凡是我出击不利，敌出击也不利的地方，叫作支。在支形地区，敌人虽然以利诱我，也不要出击；最好是带领部队假装离去，诱使敌军前出一半时，我突然发起攻击，这样有利。在隘形地域，我若先敌占据，就要用重兵堵塞隘口，等待敌人来攻。如果敌军已先我占据隘口，并以重兵据守，那就不要进击；若敌军没有用重兵据守隘口，就迅速攻取他。在险形地区，如我先敌占领，要占据地势高而向阳的地方，等待攻击敌人；如果敌军已先占领，那就主动撤退，不要进攻他。在远形地区，双方势均力敌，不宜挑战，勉强求战，于我不利。以上六点，是有效利用地形的原则。这是将帅的重大责任，不可不认真考察和研究。

所以军队失败的情况有走、弛、陷、崩、乱、北等六种。这六种情况，都不是由于天灾造成的，而是由于将帅的过失所致。在敌我条件相当的情况下，如果攻击十倍于我的敌人，因而失败的，叫作走。士卒强悍、将吏懦弱，因而失败的，叫作弛。将吏本领高强，士卒怯弱，因而失败的，叫作陷。部将怨怒而不服从指挥，遇到敌人愤然擅自出战，主将又不了解他的能力而加以控制，因而失败的，叫作崩。主将软弱而又缺乏威严，训练教育不明，吏卒无所遵循，布阵杂乱无章，因而失败的，叫作乱。主将不能正确判断敌情，以少击多，以弱击强，又没有精锐部队为骨干，因而失败的，叫作北。以上六种情况，必然导致军队的失败，这是将帅的重大责任，是不可不认真考虑和研究的。

地形，是用兵打仗的辅助条件。正确判明敌情，制订取胜计划，研究地形的险易，计算道路的远近，这些都是将帅的职责。懂得这些道理去指挥作战的，必然胜利；不懂得这些道理去指挥作战的，必然失败。所以，如果根据战场实情的确有必胜把握，即使国君命令不要打，也可以坚决地打；如果根据战场实情不能取胜，即使国君命令打，也可以不打。所以作为将帅，应该进不贪求战胜的功名，退不回避罪责，只求国家和军队得以保全，符合国君的根本利益，这样的将帅才算是国家宝贵的人才。

将帅对士卒能像对待婴儿一样体贴，士卒就可以跟随将帅赴汤蹈火；将帅对士卒能像对待自己的爱子一样，士卒就可以与将帅同生共死。对士卒如果过分厚养而不能使用，一味溺爱而不能驱使，违反了纪律也不能严肃处理，这样的军队，就好比娇惯坏了的孩子一样，也是不能用来打仗的。

只了解我军可以进攻，而不了解敌军不可以进攻，取胜的可能性只有一半；只了解敌军可以进攻，而不了解我军不可以进攻，取胜的可能性也只有一半；了解敌军可以进攻，也了解我军可以进攻，而不了解地形条件不可以作战，取胜的把握仍然只有一半。所以，真正懂得用兵作战的将帅，他行动起来，目的明确而不迷误，他所采取的措施变化无穷而不呆板。所以说：了解对方，了解自己，就能必胜不败；了解天时，了解地利，胜利就不会有穷尽。

先秦时期主要攻守器械简介

铁蒺藜 大约在战国时期开始用于战争，俗称扎马钉，是一种铁质尖刺的撒布障碍物，因其形体像草本植物蒺藜，故名。

图 1 铁蒺藜

櫑具 是守城时守方在城上居高临下，通过重力投掷杀伤敌方的器械。櫑的种类主要有木櫑、泥櫑、砖櫑、车脚櫑、夜叉櫑等。木櫑最为常见，是一根钉有铁钉、尖刃等尖锐之物的木柱。

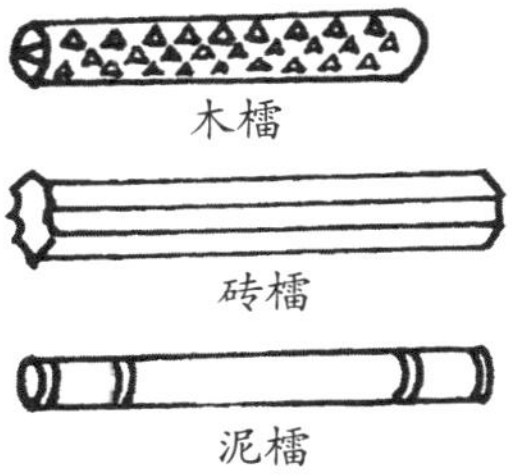

图 2 櫑具

图 3 近守拒马木枪

拒马 是一种可移动的障碍物，多将木柱交叉固定成架子，在架子上布设带有刃、刺的武器，起到阻止、迟滞敌方人马行动的作用，并有一定的杀伤力。

先秦主要战争述略

桂陵之战

公元前354年，魏惠王以庞涓为将，率大将进攻赵国，兵围赵都邯郸（今河北邯郸）。赵国不得已向齐国求救。齐国从自身利益出发，决定先派少量军队牵制魏国，以坚定赵国的抵抗决心，然后在魏、赵实力均削弱后再出动主力，救赵伐魏。一年后，邯郸已危在旦夕，而魏军也实力大减。于是齐国便以田忌为将、孙膑为军师，率主力救援赵国。

根据孙膑的建议，齐军并未赴邯郸与魏军交战，而是迅速地向因主力远征而防御薄弱的魏都大梁（今河南开封）挺进。这便是成语“围魏救赵”的来源。魏惠王不得已，只好火速派人调庞涓主力回援。庞涓刚刚攻下邯郸，遂留少量军队守卫，自己亲率主力回援。孙膑在庞涓必经的桂陵（今山东菏泽东北一带）设伏，给因长途行军而疲惫不堪的魏军以迎头痛击，取得了重大的胜利。这是战国以来，魏国遭受的第一次重大损失。

马陵之战

桂陵之战后，经过10年的努力，魏国实力得到很大程度的恢复，遂又走上了穷兵黩武的道路。公元前343年，魏国仍以庞涓为将，出兵攻打韩国。韩国不敌，派人向齐国求救。齐国答应出兵救韩，却暂时按兵不动，等待时机。韩国得到齐国的许诺，人心大振，虽五战五败，却也杀伤不少敌人。齐国见时机成熟，仍以田忌为将、孙膑为军师，出兵救韩。孙膑令齐国直趋大梁，调动魏军回援，再寻机决战。

庞涓回师后，魏惠王决心集中主力，与齐军决战。他以太子申为上将军，庞涓为将军（实际的指挥者），率10万大军，向齐军扑来。面对强敌，孙膑采取“减灶诱敌”的办法，使庞涓误以为齐军大量逃亡，遂丢下步兵和辎重，率轻骑兵日夜兼程地追击。这天黄昏，魏军追至马陵（今山东郯城），一头撞进了孙膑预设的伏击圈。庞涓见一棵剥了皮的树上有字，便令人点起火，想看个究竟。“庞涓死于此树之下”几个字尚未读完，预伏的弓箭手万箭齐发，射向魏军。魏军顿时乱作一团，自相践踏，死者不计其数。庞涓智穷力竭，羞愤自杀。接着，齐国乘胜追击，全歼魏军，俘太子申而还。

经过桂陵、马陵之战，曾盛极一时的魏国终于一蹶不振，战国的历史进入了东齐、西秦两强对峙的新阶段。

九地篇

本篇中，孙子围绕地理形势与作战之间的关系，展开了对作战指导规律的探讨。他立足于战略地理学的高度，放眼战争全局，围绕当时诸侯争霸兼并战争的新的特点和需要，深刻地论述了军队在9种不同战略地理条件下（“散地”“轻地”“争地”“交地”“衢地”“重地”“圮地”“围地”“死地”）进行作战的基本指导原则，特别强调了要根据不同作战地区下士卒所产生的不同心理状态，来制订切合实际、行之有效的战略战术，确保赢得战争的胜利。其中，孙子对战略进攻中如何实施突然袭击问题的论述，是全篇的精华所在。

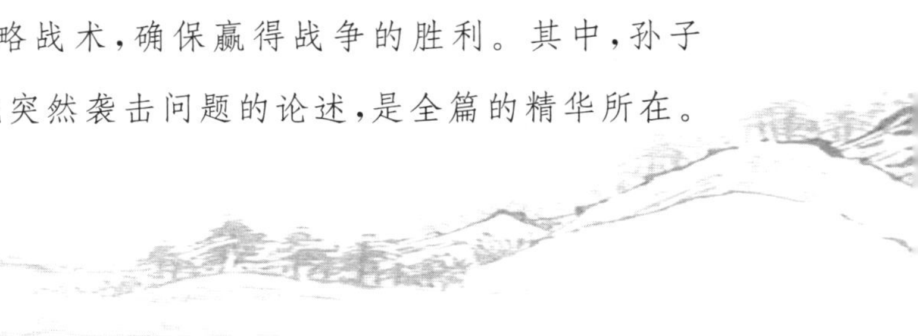

✻ 原典

(一)是故散地[①]则无战,轻地[②]则无止,争地[③]则无攻,交地[④]则无绝,衢地[⑤]则合交,重地[⑥]则掠,圮地[⑦]则行,围地[⑧]则谋,死地[⑨]则战。

【注释】①散地:指在本土作战。

②轻地:指军队在进入敌境不深的地区作战。

③争地:指谁先占领谁就有利的必争之地。

④交地:指道路纵横、地势平坦、交通便利的地区。

⑤衢地:指与多国接壤之地。

⑥重地:指深入敌境很深,很多城邑的地方。

⑦圮地:指山林、险要隘路、水网湖沼这类难以通行的地区。

⑧围地:指入口狭隘、归路迂远,敌人能够以少胜多的地区。

⑨死地:指地势险恶,只有奋勇作战才能生存,不迅速力战就难免覆灭的地区。

【译文】因此,处于“散地”就不宜作战,处于“轻地”就不宜停留,遇上“争地”就不要勉强强攻,遇上“交地”就不要断绝联络,进入“衢地”就该结交诸侯,深入“重地”就要掠取粮草,碰到“圮地”就必须迅速通过,陷入“围地”就要设谋脱险,处于“死地”就要力战求生。

(二)敢问:"敌众整而将来,待之若何?"曰:"先夺其所爱[1],则听[2]矣。"兵之情主速[3],乘人之不及[4],由不虞[5]之道,攻其所不戒[6]也。

【注释】①爱:珍爱,引申为要害、关键,这里指要害的、重要的、敌人所喜爱的地方。

②听:听从、顺从。

③情:情理。引申为关键。主:重在。速:迅速、疾速。

④人:敌人。不及:措手不及。

⑤由:经过、通过。不虞:不曾料想、意料到。

⑥戒:防备、戒备、警戒的意思。

【译文】试问:"如果敌人兵力众多且又阵势严整向我发起进攻,那该用什么办法对付他呢?"回答:"先夺取敌人最关键的有利条件,这样他就不得不听从我们的摆布了。"用兵之理,贵在神速,要乘敌人猝不及防的时机,走敌人所预料不到的路径,攻击敌人没有戒备的地方。

(三)将[1]军之事,静以幽[2],正以治[3]。能愚士卒之耳目,使之无知[4]。易[5]其事,革其谋,使人无识;易其居,迂其途,使人不得虑[6]。帅与之期[7],如登高而去其梯。帅与之深入诸侯之地,而发其机[8],焚舟破釜[9],若驱群羊,驱而往,驱而来,莫知所之。聚三军之众,投之于险,此谓将军之事也。

【注释】①将：此处作动词用，主持、指挥的意思。

②静：沉着冷静。以：同“而”。幽：幽深莫测。

③正以治：严肃公正且治理得宜。正：严正、公正。治：治理、有条理。张预注：“其御下，则公正而整治，人不敢慢。”

④能愚士卒之耳目，使之无知：指能够蒙蔽士卒，使他们不能知觉。李筌注：“为谋未熟，不欲令士卒知之。可以乐成，不可与谋始，是以先愚其耳目，使无见知。”

⑤易：变更、改变。

⑥虑：图谋。《尔雅·释诂》：“虑，谋也。”

⑦与之期：指与部队约定赴战，即向部下布置战斗任务。帅：将帅。期：约定时间。

⑧而：如、如同。王引之《经传释词》卷一：“而，犹如也。”机：指弩机。

⑨焚舟破釜：指烧掉舟船，打碎炊具，以示决一死战之意。釜：锅。

【译文】将军在指挥部队的这件事情上，要做到考虑谋略沉着冷静且幽邃莫测，管理部队公正严明而有条不紊。要能蒙蔽士卒的视听，使他们对于军事行动懵懂无知。要变更作战部署，改变作战计划，使人无法识破真相；要不时变换驻地，有意迂回行进，使人无从推测我方的意图。将帅向部队布置作战任务，要像使其登高却抽掉梯子一样，使部队有进无退。将帅率领士卒深入诸侯国土，要像弩机发出的箭镞一样一往无前。要烧掉舟船，打碎锅子，以显示死战的决心。对待士卒，要如同驱赶羊群一样，赶过去又赶过来，使他们不知道要到哪里去。集结全军官兵，把他们投置于险恶的境地，让他们拼死作战，这就是指挥军队作战的要务。

(四)故为兵之事，在于顺详敌之意①，并敌一向②，千里杀将，此谓巧能成事者也。

【注释】①顺：同“慎”，谨慎的意思(据杨丙安《孙子会笺》说)。详：详细考察。此句意为用兵作战要做到审慎地考察敌人的意图。一说是指假装顺从敌人的意图，亦通。

②一向：指集中兵力攻向敌人的一点。曹操注：“并兵向敌。”王皙注：“并兵一力以向之。”皆是。

【译文】所以，指挥作战这种事，在于谨慎地观察敌人的战略意图，集中兵力攻击敌人的一点，这样，即便千里奔袭，也可以擒杀敌将。这就是所谓巧妙用兵，实现克敌制胜的目标。

✻ 要义

(一)因地用兵，灵活变化

战争中，孙子根据地理条件的变化划分出 9 种战略地理，即“散地”“轻地”“争地”“交地”“衢地”“重地”“圮地”“围地”

“死地”9种作战地区。值得注意的是，这9种地理并不是实指具体的地理环境，而是根据军队行军过程中，士卒的心理变化人为划分的战略地理。这是孙子因地用兵、灵活用兵的生动体现。由于不同的作战区域对士卒的心理会产生不同的影响，进而影响到军队战斗力的发挥，故孙子强调要根据战区远近的变化，灵活地对士卒进行心理引导，即在不同的作战地理，必须根据士卒的心理变化以及战斗的危险程度，采取灵活的处置方法，从而实现战斗效能的最大化。

(二)战略突袭的原则

两国交战过程中，如何在战争开始后的短暂时间内，组织和实施战略突袭是战争制胜的重要一环，这也是孙子十分重视探究的问题。然而，实施战略突袭并不容易，需要具备诸多条件，在孙子的认知体系中，这主要包括3个方面。首先，军事行动要秘密决策、隐秘准备。军事行动如果做不到保密和隐秘，致使信息泄露，那么就很难实现突然袭击。只有在决策和准备过程中封锁消息，“厉于廊庙之上，以诛其事”才能够骗过敌人耳目，保证军事行动的顺利展开。其次，军事行动要捕捉有利战机、选定主攻方向。战略进攻中，孙子推崇“并敌一向，千里杀将”，而只有在瞬息万变的战场形势下，灵敏地捕捉到有利战机，慎重地选择好进攻方向，才能够实现事半功倍的效果。再次，军事进攻要迅猛果决、灵活机动。

战略突袭，贵在突然，关键在于进攻速度，速度制胜乃是古今中外无不推崇的作战法则。“兵之情主速，乘人之不及，由不虞之道，攻其所不戒也。”突袭作战中，只有展开快速的部署，实施迅猛的出击，采取灵动的机变，才能以雷霆之势击垮对手。

(三)静幽正治，为将之要

孙子重将，可谓贯串于《孙子兵法》的始终。《九地篇》虽然通篇以阐述军事行动中的战略地理为主，但“九地”终归是“地”的范畴，皆有赖于人的运筹和应变。对战略地理的把握和应变，对士卒心理的调节和引导，对战略突袭的准备和实施，无疑是军事行动中非常棘手的问题，而将领则是斩断荆棘的关键。“将军之事，静以幽，正以治。”有别于《计篇》中对“为将五德”(智、信、仁、勇、严)的推崇，这里孙子极其强调将领的临阵指挥、战场机变能力，特别是在严峻战场形势下的指挥能力。为将者只有在作战中临危不惧、沉着冷静、灵活应变，才能够在关键时刻带领军队勇往直前、走向胜利。

✲ 思考

(一)战争中，地理条件与军队士气变化有怎样的关系？应该如何把握两者的关系？结合自己身处陌生环境下的心理变化谈一谈。

（二）你认为一个优秀的将领应当具备哪些素质？在关键时刻应当发挥怎样的作用？

✲ 延伸阅读

吴国奔袭楚国

公元前506年，吴国倾全国之师奔袭楚国，展开了一系列的遭遇战和追击战。吴国正是孙子建功立业的地方，他在这里尽情地展现自己的军事才华和理想抱负，而这场大迂回、大纵深的战略奔袭，极有可能是出自孙子的设计。

是年冬，吴王阖闾亲自挂帅，以孙武、伍子胥为大将，胞弟夫概为先锋，倾全国30 000水陆之师，乘坐战船，由淮河溯水而上，直趋蔡境。楚国令尹囊瓦见吴军来势凶猛，不得不放弃对蔡国的围攻，回师防御本土。当吴军与蔡军会合后，另一小国唐国也主动加入吴蔡两军行列。于是，吴、蔡、唐三国组成联军，浩浩荡荡，溯淮水继续西进。在孙子的指挥下，吴军攻其无备，出其不意，迅速地穿过楚国北部的大隧、直辕、冥阨三关险隘，直趋汉水，深入楚腹地，不出数日，挺进到汉水东岸，达成对楚的战略奇袭。在柏举（今湖北麻城），吴军与仓促应战的楚军展开了战略大决战（即柏举之战),一举击溃楚军主力20万,继而乘胜追击,一路高歌猛进,成功攻克楚国都城郢。

此次对楚国进行的远距离奔袭作战,吴军出其不意,急速进军,连续作战,接连重创楚军,五战攻入楚国都城,创造了先秦时期战略奔袭作战的经典。这几乎完美契合了本篇孙子所强调的战略奔袭的基本原则,可谓是孙子思想的生动演绎。

巨鹿之战

公元前207年,秦二世派大将章邯攻打赵国。赵军不敌,退守巨鹿(今河北平乡),被秦军团团围住。楚怀王封宋义为上将军、项羽为副将,派他们率军去救援赵国。

不料宋义把兵带到安阳(今山东曹县)后,接连46天停滞不进。项羽忍不住,一再要求他赶紧渡江北上,赶到巨鹿,与被围赵军来个里应外合。但宋义另有所谋,想让秦、赵两军打得精疲力竭再进兵,这样便于取胜。他严令军中不听调遣的人,不管是谁都要杀。与此同时,宋义又邀请宾客大吃大喝,而士兵和百姓却忍饥挨饿。项羽忍无可忍,进营帐杀了宋义,并声称他勾结齐国反楚,楚王有密令杀他。将士们马上拥戴项羽代理上将军。项羽把杀宋义的事及原因报告给楚怀王,楚怀王只好正式任命他为上将军。

项羽之举震惊了楚国,并在各国有了威名。他随即派出两名将军,率2 0000人马渡河去救巨鹿。在获悉取得小胜并接到增援的请求后，项羽下令全军渡河救援赵军。

项羽在全军渡河之后，采取了一系列果断的行动：把所有的船只凿沉，击破烧饭用的锅具，烧掉宿营的屋子，只携带3天干粮，以此表示死战的决心，没有一点后退的打算。这支有进无退的大军到了巨鹿外围，立即包围了秦军。经过9次激战，截断了秦军的补给线。负责围攻巨鹿的两名秦将，一名被活捉，另一名投火自焚。

此战之所以可以取胜，项羽对士卒战斗意志的激发起到了十分重要的作用。他巧妙地把握了士卒心理变化对作战的影响，即孙子所言："兵士甚陷则不惧，无所往则固，深入则拘，不得已则斗。"所以，项羽在渡河之后，下令毁掉所有船只和生活用具，展示出拼死一战的勇气和决心，这使得全军士卒只能拼死一战，别无退路，从而最大化地激发出军队的战斗力，促成了战争的胜利。

✲ 原文

孙子曰：用兵之法，有散地，有轻地，有争地，有交地，有衢地，有重地，有圮地，有围地，有死地。诸侯自战其地者，为散地。入人之地而不深者，为轻地。我得亦利，彼得亦利者，为争地。我可以往，彼可以来者，为交地。诸侯之地三属，先至而得天下众者，为衢地。入人之地深，背城邑多者，为重地。行山林、险阻、沮泽，凡难行之道者，为圮地。所由入者隘，所从归者迂，彼寡可以击吾之众者，为围地。疾战则存，不疾战则亡者，为死地。是故散地则无战，轻地则无止，争地则无攻，交地则无绝，衢地则合交，重地则掠，圮地则行，围地则谋，死地则战。

所谓古之善用兵者，能使敌人前后不相及，众寡不相恃，贵贱不相救，上下不相收，卒离而不集，兵合而不齐。合于利而动，不合于利而止。敢问："敌众整而将来，待之若何？"曰："先夺其所爱，则听矣。"兵之情主速，乘人之不及，由不虞之道，攻其所不戒也。

凡为客之道，深入则专。主人不克，掠于饶野，三军足食；谨养而勿劳，并气积力；运兵计谋，为不可测。投之无所往，死且不北。死焉不得，士人尽力。兵士甚陷则不惧，无所往则固，深入则拘，不得已则斗。是故其兵不修而戒，不求而得，不约而亲，不令而信。禁祥去疑，至死无所之。

吾士无余财，非恶货也；无余命，非恶寿也。令发之日，士卒坐者涕沾襟，偃卧者涕交颐。投之无所往，诸、刿之勇也。

故善用兵者，譬如率然；率然者，常山之蛇也。击其首则尾至，击其尾则首至，击其中则首尾俱至。敢问："兵可使如率然乎？"曰："可。"夫吴人与越人相恶也，当其同舟而济，遇风，其相救也如左右手。是故方马埋轮,未足恃也;齐勇若一,政之道也;刚柔皆得,地之理也。故善用兵者,携手若使一人,不得已也。

将军之事,静以幽,正以治。能愚士卒之耳目,使之无知。易其事,革其谋,使人无识;易其居,迂其途,使人不得虑。帅与之期,如登高而去其梯。帅与之深入诸侯之地,而发其机,焚舟破釜,若驱群羊,驱而往,驱而来,莫知所之。聚三军之众,投之于险,此谓将军之事也。九地之变,屈伸之利,人情之理,不可不察。

凡为客之道,深则专,浅则散。去国越境而师者,绝地也;四达者,衢地也;入深者,重地也;入浅者,轻地也;背固前隘者,围地也;无所往者,死地也。是故散地,吾将一其志;轻地,吾将使之属;争地,吾将趋其后;交地,吾将谨其守;衢地,吾将固其结;重地,吾将继其食;圮地,吾将进其塗;围地,吾将塞其阙;死地,吾将示之以不活。故兵之情:围则御,不得已则斗,过则从。

是故不知诸侯之谋者,不能预交;不知山林、险阻、沮泽之形者,不能行军;不用乡导者,不能得地利。四五者,不知一,非霸王之兵也。夫霸王之兵,伐大国,则其众不得聚;威加于敌,则其交不得合。是故不争天下之交,不养天下之权,信己之私,威加于敌,则其城可拔,其国可隳。

施无法之赏，悬无政之令；犯三军之众，若使一人。犯之以事，勿告以言；犯之以利，勿告以害。投之亡地然后存，陷之死地然后生。夫众陷于害，然后能为胜败。故为兵之事，在于顺详敌之意，并敌一向，千里杀将，此谓巧能成事者也。

是故政举之日，夷关折符，无通其使，厉于廊庙之上，以诛其事。敌人开阖，必亟入之。先其所爱，微与之期。践墨随敌，以决战事。是故始如处女，敌人开户；后如脱兔，敌不及拒。

□ 译文

孙子说：根据用兵作战的原则，战地在地理上可以区分为“散地”“轻地”“争地”“交地”“衢地”“重地”“圮地”“围地”“死地”九类。诸侯在本国境内作战的地区，叫作“散地”。在敌国浅近纵深作战的地区，叫作“轻地”。我军得到有利主动，敌军得到也有利主动的地区，叫作“争地”。我军可以前往，敌军也可以前来的地区，叫作“交地”。同几个诸侯国相毗邻，先期到达就可以获得诸侯列国援助的地区，叫作“衢地”。深入敌国腹地，背靠敌军众多城邑的地区，叫作“重地”。山林险阻、水网沼泽这一类难于通行的地区，叫作“圮地”。进军的道路狭窄，退兵的道路迂远，敌军可以用少量兵力攻击我军众多兵力的地区，叫作“围地”。迅速奋战就能生存，不迅速奋战就会全军覆没的地区，叫作“死地”。因此，处于“散地”就不宜作战，处于“轻地”就不宜停留，遇上“争地”就不要勉强强攻，遇上“交地”就不要断绝联络，进入“衢地”就该结交诸侯，深入“重地”就要掠取粮草，碰到“圮地”就必须迅速通过，陷入“围地”就要设谋脱险，处于“死地”就要力战求生。

古代善于指挥作战的人，能够使敌人前后部队不能相互策应，主力和小部队无法相互依靠，军官和士卒间不能相互救援，上级和下级之间无法聚集合拢，士卒离散难以集中，遇上交战，兵力集中了阵形也不整齐。至于我军，则是见对我有利就打，对我不利就停止行动。试问：“如果敌人兵力众多且又阵势严整向我发起进攻，那该用什么办法对付它呢？”回答：“先夺取敌人最关键的有利条件，这样他就不得不听从我们的摆布了。”用兵之理，贵在神速，要乘敌人猝不及防的时机，走敌人所预料不到的路径，攻击敌人没有戒备的地方。

大凡在敌国境内作战，其一般规律是深入敌国的腹地，我军的军心就会坚固，敌人就不能战胜我们。在敌国丰饶的田野上掠取粮草，全军上下的给养就有了足够的保障。要注意休整部队，不要使其过于疲劳。鼓足士气，积蓄力量，部署兵力，巧设计谋，使敌人无法判断我军的意图。将部队置于无路可走的绝境，士卒就会拼死不败退；士卒既能拼死不败退，那么，他们怎么会不殊死作战呢？士卒深陷危险的境地，心里就不再存有恐惧；无路可走，军心自然就会稳固；进入敌国的纵深地区，军队就不会离散；遇到迫不得已的情况，军队就会殊死奋战。因此，这样的军队不需整饬就能注意戒备，不用强求就能完成任务，无须约束就能亲附团结，不待申令就会遵守纪律。禁止占卜迷信，消除士卒的疑惑，他们就至死也不会逃避。

我军士卒没有多余的钱财，这并不是他们不喜欢钱财；我军士卒置生死于度外，这也不是他们不想长寿。当作战命令颁布之时，坐着的士卒泪沾衣襟，躺着的士卒泪流满面。把士卒投置到无路可走的绝境，他们就都会像专诸、曹刿一样勇敢。

所以善于指挥作战的人，能使部队自我策应如同率然蛇一样。率然是常山上的一种蛇。打它的头部，尾巴就来救应；打它的尾巴，头就来救应；打它的腰身，它的头尾都来救应。试问："用兵作战可以使部队像率然一样吗？"回答："可以。"虽然吴国人和越国人是互相仇视的，但当他们同船渡河而遇上大风时，他们相互救援、配合默契，就如同人的左右手一样。因此，想用把战马并缚在一起、深埋车轮这种显示死战决心的办法来稳定部队，是靠不住的。要使部队能够齐心同力、奋勇作战，如同一人，关键在于部队管理、教育有方。要使优劣条件不同的士卒都能发挥作用，根本在于恰当地利用地形。所以善于用兵的人，能使全军上下携手团结如同一人，这是因为客观形势迫使部队不得不这样。

将军在指挥部队的这件事情上，要做到考虑谋略沉着冷静且幽邃莫测，管理部队公正严明而有条不紊。要能蒙蔽士卒的视听，使他们对于军事行动懵懂无知。要变更作战部署，改变原定计划，使人无法识破真相；要不时变换驻地，有意迂回行进，使人无从推测我方的意图。将帅向部队布置作战任务，要像使其登高却抽掉梯子一样，使部队有进无退。将帅率领士卒深入诸侯国土，要像弩机发出的箭镞一样一往无前。要烧掉舟船、打碎锅子，以显示死战的决心。对待士卒，要如同驱赶羊群一样，赶过去又赶过来，使他们不知道要到哪里去。集结全军官兵，把他们投置于险恶的境地，让他们拼死作战，这就是指挥军队作战的要务。九种地形的应变处置，攻防进退的利弊得失，全军上下的心理状态，这些都是身为将帅者所不可不认真研究和周密考察的。

大凡在敌国境内作战，其通常的规律是进入敌国境内越深，军心就越是稳定巩固；进入敌国境内越浅，军心就容易懈怠涣散。离开本土，越入敌境进行作战的地区，叫作“绝地”；四通八达的地区，叫作“衢地”；进入敌境深的地区，叫作“重地”；进入敌境浅的地区，叫作“轻地”；背有险阻面对隘路的地区，叫作“围地”；无路可走的地区，叫作“死地”。因此，处于“散地”，要统一部队的意志；处于“轻地”，要使营阵紧密相连；在“争地”上，要迅速出兵抄到敌人的侧后；在“交地”上，就要谨慎防守；在“衢地”上，就要巩固与诸侯列国的结盟；遇上“重地”，就要保障军粮的供应；遇上“圮地”，就必须迅速通过；陷入“围地”，就要堵塞缺口；到了“死地”，就要显示殊死奋战的决心。所以，士卒的心理状态是陷入包围就会竭力抵抗，形势逼迫就会拼死战斗，身处绝境就会听从指挥。

因此，不了解诸侯列国的战略意图，就不能预先与之结交；不熟悉山林、险阻、沼泽等地形情况，就不能行军；不重用向导，就无从得到地利。这些情况，如有一样不了解，都不能成为称王争霸的军队。凡是称王争霸的军队，进攻敌对大国，能使敌国的军民来不及动员集中；兵威加在敌人头上，能够使敌方的盟军不能联合其他诸侯。因此，没有必要去争着同天下的诸侯结交，也用不着在各诸侯国里培植自己的势力；只要伸展自己的战略意图，把兵威施加在敌人头上，就可以攻取敌人的城邑，摧毁敌人的国都。

施行超越惯例的奖赏，颁布不拘常规的号令，指挥全军就如同用一个人一样。向部下布置作战任务，但不说明其中的意图。动用士卒，只说明有利的条件，而不指出危险的因素。将士卒投置于危地，才能转危为安；使士卒陷身于死地，才能起死回生。军队深陷于绝境，然后才能奋起拼杀赢得胜利。所以，指挥作战这种事，在于谨慎地观察敌人的战略意图，集中兵力攻击敌人的一点，这样，即使千里奔袭，也可以擒杀敌将。这就是所谓巧妙用兵，实现克敌制胜的目标。

因此，在决定战争方略的时候，就要封锁关口，废除通行符证，不允许敌国使者往来，要在庙堂里反复秘密谋划，做出战略决策。敌人方面暴露虚隙，就要迅速地乘虚而入。首先要夺取敌人的战略要地，但不要轻易与敌约期决战。要灵活机动，因敌变化来决定自己的作战行动。因此，战斗打响之前，要像处女那样显得沉静柔弱，诱使敌人放松戒备；战斗展开之后，则要像脱逃的野兔一样行动迅速，使得敌人措手不及，无从抵抗。

先秦时期主要攻守器械简介

撞车 城战攻防器械，由撞锤（多为铁质）、锤柄、支架等几部分构成。攻城时，用撞车撞击城门，以便打开缺口，攻入城中。守城时，撞车是对付云梯的有效武器。

图1 撞车

巢车 是用以观察敌情的车辆，春秋时已开始使用。公元前575年鄢陵之战时，楚共王在太宰伯州犁的陪同下，登上巢车查看敌情。

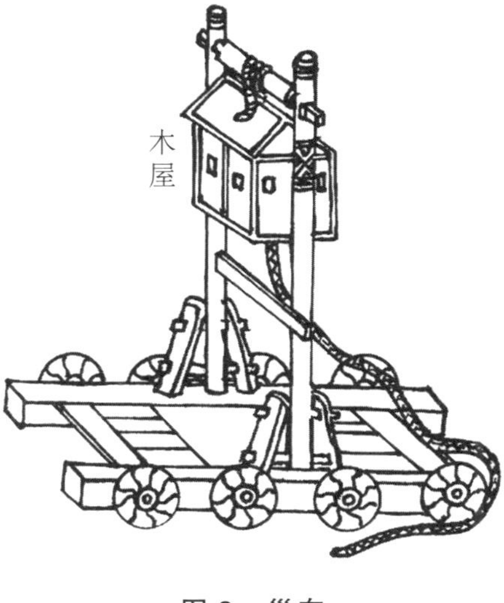

图2 巢车

先秦主要战争述略

即墨之战

马陵之战后，齐国实力蒸蒸日上，成为举足轻重的东方大国。在战略上，齐国却犯了无可挽回的错误，几乎导致灭国。燕昭王继位后，招贤纳士，形成以乐毅、苏秦为主的决策团体。齐国灭宋后，矛盾进一步激化。公元前 284 年，乐毅遂挂五国相印，领兵伐齐。半年时间，乐毅率军破城 70 余座，只有莒（今山东莒县）与即墨（今山东平度藏头东南）尚在坚持。

次年，即墨守将战死，田单被公推为将，负责城池的防卫。公元前 279 年，形势发生了巨大的变化，支持乐毅的燕昭王去世，其子燕惠王继位。田单遂实行反间计，散布谣言，说乐毅缓攻即墨与莒，目的是想在齐为王。燕惠王果然上当，于是派骑劫为将，取代乐毅。

骑劫为将后，急攻即墨，并中了田单之计，错误地施行了一些割鼻挖坟的暴行，激起了齐军将士强烈的愤怒。田单见时机成熟，遂以假降之名，与燕军展开谈判。这时的齐军已经准备好千余头壮牛，并在城墙上挖好大洞，牛角上则绑上了锋利的尖刀，严阵以待。夜晚时分，千余头火牛狂奔而出，5 000 勇士随后冲杀。幻想着齐军投降的骑劫从梦中惊醒，被杀死于乱军之中。此后，田单组织力量反击，尽复失陷的 70 余城，取得了辉煌的胜利。

必须指出的是，经此一战，齐国虽艰难复国，但实力仍急转直下。战国的格局终于由两强东西对峙，向秦国一强兼众弱的趋势发展。

火攻篇

孙子所处的春秋晚期是典型的冷兵器时代，冷兵器杀伤作用的发挥主要依赖人的体能，为了追求最大杀伤效果，敌对双方除了短兵相接的肉搏对抗，还往往求助于自然界，借助各类外在能量，以增强杀伤力，迫使敌人屈服。火恰恰是当时最有力的攻击手段，孙子专门开辟一篇论述火在战争中的应用，即第十二篇《火攻篇》。孙子主要论述了火攻的目标、条件和具体战法，并由此引申出对自然的敬畏，进而提出了以慎战、重战为核心的“安国全军”思想。

✼ 原典

(一)故以火佐攻者明①,以水佐攻者强。水可以绝②,不可以夺③。

【注释】①明:清楚,明白。这里指的是明显,效果显著。

②绝:隔断、断绝的意思。

③夺:剥夺,夺取。这里指的是赶走的意思。

【译文】所以用火来辅助军队进攻,效果显著;用水来辅助军队进攻,攻势必能加强。水可以把敌军分割隔绝,但不能赶走敌军。

(二)夫战胜攻取,而不修其功者凶,命曰费留①。

【注释】①费留:财力耗尽,人员滞留。

【译文】凡打了胜仗,攻取了土地城邑,却不能巩固战果的,会很危险,这种情况叫作“费留”。

(三)明主虑①之,良将修②之,非利不动,非得不用③,非危不战④。

【注释】①虑:思考,担心。这里指谋虑,思考。

②修:治理,处理。这里有研究的意思。

③非得不用：不能取胜就不要用兵。

④非危不战：不到危急关头就不要轻易开战。

【译文】明智的国君要慎重地考虑这个问题，贤良的将帅要严肃地对待这个问题。形势不利不要行动，没有取胜的把握不能用兵，不到危急关头不要开战。

(四)主不可以怒而兴师[①]，将不可以愠而致战。

【注释】①兴师：兴兵作战。

【译文】国君不可因一时愤怒而发动战争，将帅不可因一时的气愤而出阵求战。

✲ 要义

(一)借助自然力量取得战争胜利的思想

在本篇中，孙子论述了火攻的5种类型、使用条件和实施火攻作战的具体方法，强调火攻需掌握的要领，必须根据这5种不同火攻方式引起的敌情和战场形势变化进行兵力配备和部署。在具体实施火攻的过程中，孙子着重强调气象条件对作战效果的影响。而火攻作为一种有效的辅助手段，具有独特的作战效果，即“以火佐攻者明”，它能够对敌造成更为巨大和彻底的伤害，有助于取得战争的胜利。

（二）火攻与“慎战”

《火攻篇》不但叙述具体的作战手段，而且就孙子的战争观做了深刻独到、朴素辩证的阐释。孙子既是军事家，又是哲学家，其认识超越了具体作战行动，上升到了哲学层面。对火攻这种极端残酷的战争手段，孙子做了理论升华，将作战手段结合战争目的和战争观来认识，提出了自己的战争告诫和理想追求，即“合于利而动，不合于利而止”的战争决策基点。孙子告诫“君”和“将”，在战争决策过程中，不能感情用事，不要在气头上做决定，应当慎重对待战争、警惕战争，从而实现安定国家、保全军队的目的，“故明君慎之，良将警之。此安国全军之道也”。《火攻篇》篇幅虽短，却反映了孙子重要的战争观，即“慎战”，这也呼应了首篇“兵者，国之大事”的主旨，使全书产生浑然一体之美感。

（三）巩固战争胜利成果的思想

孙子认为，如果考虑战争只着眼于如何取胜，那么战争胜利之后，不注重巩固胜利成果，也是一件非常危险的事情，甚至会出现“战胜自损”的境况，即所谓：“夫战胜攻取，而不修其功者凶，命曰费留。”“费留”指的就是因为不懂得巩固战果而力屈财竭。因而，对待战争，既要考虑战胜攻取的问题，又要考虑巩固和扩大战果的问题。事实上，军事上战胜仅仅是表象，达成战略目标才是根本目的。因此,孙子告诫“君”和“将”必须重视这一问题,并采取切实有效的措施巩固胜利果实,以尽快安抚民心,恢复社会秩序,保证己方利益的最大化。

✲ 思考

(一)通过本篇的学习,关于自然力对战争的影响,你有了哪些新的认识?

(二)孙子“慎战”思想的核心,是要控制好自己的情绪,理智地对待战争问题。其实,战争如此,生活也是如此。谈谈“慎战”思想对做人做事的启示。

✲ 延伸阅读

赤壁之战

赤壁之战是指公元208年,孙权、刘备联军在长江赤壁(今湖北赤壁西北)一带大破曹操大军的战役。这是中国历史上以少胜多、以弱胜强的著名战役之一。此战,曹操率20万众顺江而下,东吴的左右督周瑜、程普各自督领15 000精兵,与刘备军一起逆江而上,与曹军相遇在赤壁。

曹操为了解决北方士卒不习水战的问题,将舰船首尾连接起来，人马在船上如履平地。针对这种情况，周瑜部将黄盖认为："如今敌众我寡，难以长期相持。曹军把战船连在一起，首尾相接，可以用火攻，击败曹军。"周瑜称是。于是黄盖选取艨艟战船 10 艘，装上干荻和枯柴，浇上油，外面裹上帷幕，上边插上旌旗，预先备好快艇，系在船尾。黄盖先派人给曹操送信，谎称打算投降。当时东南风正急，黄盖将 10 艘战船排在最前面，到江心时升起船帆，其余的船在后依次前进。曹操军中的官兵都走出营来站着观看，指着船说黄盖来投降了。东吴战船离曹军还有 2 里多远时，10 艘战船同时点火，火烈风猛，船像箭一样向前飞驶，很快将曹军战船点燃，火势还蔓延到曹军设在陆地上的营寨。顷刻间，浓烟烈火，遮天蔽日，曹军人马烧死和淹死的不计其数。周瑜等率领轻装的精锐战士紧随在后，鼓声震天，奋勇向前，曹军大败。曹操率军从华容道步行撤退，遇到泥泞，道路不通，天又刮起大风，曹操让所有老弱残兵背草铺在路上，骑兵才勉强通过。这时周瑜、刘备军队水陆并进，一直尾随追击，但曹操一行已经撤得很远，难以追赶了。

赤壁之战中，孙刘联军根据曹军不习水战、战船首尾相连的特点，妙用火攻，备足火攻器具和燃料，火烧赤壁，取得大胜。赤壁之战的失利使曹操失去了统一全国的可能性，而孙权和刘备双方则借此开始分别发展壮大各自的势力。此战形成天下三分的雏形，奠定三国鼎立的基础。

夷陵之战

公元219年，孙权袭取荆州，擒杀关羽，吴、蜀两国结仇。公元221年，刘备于益州称帝。同年，刘备为夺回荆州，替关羽报仇，亲率大军攻打东吴。孙权闻刘备来伐，遣使求和，刘备不许，于是双方爆发大战。

战争前期，蜀军长驱直入，进展顺利。然而，陆逊成为吴军主帅后，通过对双方兵力、士气以及地形等条件的仔细分析，指出刘备兵势强大，居高守险，锐气正盛，求胜心切，吴军应暂时避开蜀军锋芒，再伺机破敌。他耐心说服了吴军诸将，放弃立即决战的计划，果断实施战略退却，一直后撤到夷道（今湖北宜都）、猇亭（今湖北宜昌）一线。然后在那里停止退却，转入防御，遏制蜀军的继续进兵，并集中兵力，准备相机决战。这样，吴军完全退出了高山峻岭地带，把难以展开兵力的数百里长的山地留给了蜀军。

吴、蜀两军在夷陵战场相持七八个月之久。蜀军远征，补给困难，又不能速战速决，加上入夏以后天气炎热，以致锐气渐失，士气低落。刘备为舒缓军士酷热之苦，命蜀军在山林中安营扎寨以避暑热。陆逊所计划的疲劳敌人的目的已经达到，等待已久的有利战机即将来临。陆逊看准时机，决定采取火攻，命士兵每人带一把茅草，到达蜀军营垒时边放火，边猛攻。蜀军营寨的木栅和周围的林木为易燃之物，火势迅速在各营蔓延。蜀军大乱，被吴军连破四十余营，火烧连营七百里。刘备兵败将亡，险些丧命，退回白帝城，不久因忧愤交加，病死在白帝城。

此战，吴军主帅陆逊诱敌深入，持重待机，以火攻敌，大败蜀军，创造了火攻胜敌的经典一战。相反，蜀军主帅刘备不听劝阻，因怒兴师，且在炎热的气候条件下不戒火攻，犯下诸多兵家大忌，最终惨败。

✻ 原文

孙子曰：凡火攻有五：一曰火人，二曰火积，三曰火辎，四曰火库，五曰火队。行火必有因，烟火必素具。发火有时，起火有日。时者，天之燥也；日者，月在箕、壁、翼、轸也。凡此四宿者，风起之日也。

凡火攻，必因五火之变而应之。火发于内，则早应之于外。火发兵静者，待而勿攻，极其火力，可从而从之，不可从而止。火可发于外，无待于内，以时发之。火发上风，无攻下风。昼风久，夜风止。凡军必知有五火之变，以数守之。

故以火佐攻者明，以水佐攻者强。水可以绝，不可以夺。

夫战胜攻取，而不修其功者凶，命曰费留。故曰：明主虑之，良将修之，非利不动，非得不用，非危不战。主不可以怒而兴师，将不可以愠而致战。合于利而动，不合于利而止。怒可以复喜，愠可以复悦，亡国不可以复存，死者不可以复生。故明君慎之，良将警之。此安国全军之道也。

□ 译文

孙子说：火攻形式共有五种：一是焚烧敌军人马，二是焚烧敌军粮草，三是焚烧敌军辎重，四是焚烧敌军仓库，五是火烧敌军攻城用的地道。实施火攻必须具备一定的条件，火攻器材必须平时就准备好。放火要看准天时，起火要选好日期。天时是指气候干燥；日期是指月亮行经箕、壁、翼、轸四个星宿位置的时候。月亮经过这四个星宿的时候，就是起风的日子。

凡是火攻，必须根据以下五种火攻所引起的不同变化，来灵活地加以处置。在敌营内部放火，就要及时派兵从外面机动策应。火已烧起而敌军依然保持镇静，我方就应持重等待，不可立即发起进攻，且待火势旺盛后，再根据情况做出决定，可以进攻就进攻，不可以进攻就停止。火可以从外面烧起，这时就不必等待内应，只要时机成熟放火就行了。要从上风口放火，不要面对下风口发起进攻。白天风刮的时间久了，夜晚风就容易停止。军队都必须掌握五种火攻方法的灵活运用，等待放火的时日条件具备时再进行火攻。

所以用火来辅助军队进攻，效果显著；用水来辅助军队进攻，攻势必能加强。水可以把敌人分割隔绝，但不能赶走敌军。

凡打了胜仗，攻取了土地城邑，却不能巩固战果的，会很危险，这种情况叫作“费留”。所以说，明智的国君要慎重地考虑这个问题，贤良的将帅要严肃地对待这个问题。形势不利不要行动，没有取胜的把握不能用兵，不到危急关头不要开战。国君不可因一时愤怒而发动战争，将帅不可因一时的气愤而出阵求战。符合国家利益则用兵，不符合国家利益就停止。愤怒还可以重新变为欢喜，气愤也可以重新转为高兴，但是国家灭亡了就不能复存，人死了就不能再生。所以，对待战争，明智的国君应该慎重，贤良的将帅应该警惕，这是安定国家和保全军队的基本道理。

先秦时期主要攻城器械简介

辒辒车　是用以掩护攻城战士抵近城池的攻城器械，出现于春秋时代。车有四轮，形状像一个活动的房子。木架粗大，木板厚实，车外蒙生牛皮，以抵挡石矢的打击。车的下面是空的，士兵藏在车中推车前进，运送士兵安抵城下，并掩护士兵挖掘洞道或进行其他攻坚作业。

图 1　辒辒车

云梯　古代攻城战中用以攀登城墙或侦察敌情的攻城器械。早在夏、商、周时就出现了，当时取名叫"钩援"。春秋时，鲁班加以改进，形成由车轮、梯身、钩三部分组成的固定结构。梯身下装有车轮，可以移动；梯身可以上下仰俯，靠人力扛抬倚架到城墙壁上；梯顶端有钩，用来钩援城缘。

图 2　云梯

先秦主要战争述略

长平之战

公元前261年，秦军攻韩，攻克野王（今河南沁阳）。韩国上下一片惊慌，遂遣使入秦，欲以献上党郡（今山西长治一带）为条件，向秦国求和。而上党太守冯亭却将上党献于赵国，希望以此促成韩、赵联手抗秦，以挽救灭亡的命运。赵王迁以为是天上掉下的大馅饼，便不计后果地一口吞下了。赵国的举动无异于虎口夺食，秦王震怒之下，出兵直扑上党。赵国守军不能支，只得退守长平（今山西高平西北）。赵国以廉颇为将，率主力赶赴长平，阻秦军东进，并乘机夺回上党。

初战失利后，廉颇果断改变战法，筑垒固守，以疲惫秦军，静待其变。秦军数度进攻不利，双方进入相持阶段。秦国遂使反间计，诱使赵王迁启用只会纸上谈兵的赵括，取代廉颇为将。而秦国则将名将白起秘密派往前线，接替指挥，准备全歼赵军。

公元前260年七月，赵括正式上任。他一改廉颇的防御部署，积极进行进攻准备。八月初，赵括对秦军展开大规模进攻。白起采用佯败诱敌、包抄分割的策略，成功切断了赵括军与大营的联系，并派兵截断了赵军的运输线。战至九月，断粮已久的赵军士气低落，竟出现了杀人以食的现象，死亡的阴影笼罩了整个军队。赵括数次组织突围未果，最后亲率精锐上阵，结果死于乱箭之下。赵军失去主帅，抵抗意志彻底崩溃，40多万疲惫之师纷纷放下武器，向秦军投降。

长平一战，赵国精锐尽失。诸侯之中，再无任何一国能与秦国周旋了。至此，秦国统一天下已成为不可阻挡的历史趋势。

用间篇

《孙子兵法》始于“计”而终于“用间”，可以说是一种前后呼应，也可见孙子对情报的重视。如果说，要在《孙子兵法》中找出一句最有影响力的名言，绝大多数人的选择应该是：“知彼知己，百战不殆。”对此，毛泽东曾经说过：“孙子的规律，知彼知己，百战不殆，至今仍是科学的真理。”《用间篇》可以说是军事情报学的源头，也可以视为最早的军事情报学著作。那么孙子是如何看待情报，如何选用间谍的呢？就让我们一起走进《用间篇》，探寻孙子“用间”的奥妙。

✻ 原典

(一)相守数年,以争一日之胜,而爱[①]爵禄百金,不知敌之情者,不仁之至也。

【注释】①爱:吝啬,吝惜。

【译文】战争双方相持数年,是为了夺取最后一天的胜利,如果吝啬爵禄和金钱,不重用间谍,以致不能了解敌人情况而遭受失败,那就太“不仁”了。

(二)故明君贤将,所以动[①]而胜人,成功出于[②]众者,先知[③]也。

【注释】①动:行动、举动。此处指出兵。

②出于:超过,胜过。

③先知:指预先查明敌情。

【译文】所以,明智的国君、贤能的将帅之所以一出兵就能战胜敌人,功业超过众人,是因为能够预先查明敌情。

(三)先知者,不可取于鬼神,不可象[①]于事,不可验于度[②],必取于人,知敌之情者也。

【注释】①象:类比,比拟。

②度:度数,指日月星辰运行的度数。

【译文】要事先了解敌情,不可求神问鬼,不可用象数占卜的办法去求知敌情,也不可用日月星辰运行的度数去验证吉凶祸福,一定要取之于人，从那些熟悉敌情的人的口中去获取。

(四)故用间有五：有因间①，有内间，有反间，有死间，有生间。

【注释】①因间：即下文的“乡间”。这里指利用敌国的乡野之民当间谍。

【译文】所以间谍的运用有五种，即“因间”“内间”“反间”“死间”“生间”。

(五)故三军之事①，莫亲于间，赏莫厚于间，事②莫密于间。

【注释】①三军之事：汉简本作“三军之亲”。

②事：指军事机务。

【译文】所以在军队中，没有比间谍更亲近的人，得到的赏赐没有比间谍更优厚的人，没有比使用间谍更为秘密的军事机务了。

(六)非圣智①不能用间，非仁义不能使间，非微妙②不能得间之实③。

【注释】①圣智：非凡卓越的才智。这里指具有杰出才智的人。

②微妙：精细奥妙。这里指用心精密、手段巧妙的人。

③实：实情。

【译文】不是才智过人的将帅不能使用间谍；不是仁慈慷慨的将帅不能使用间谍；不是用心精细、手段巧妙的将帅不能取得间谍的真实情报。

(七)故唯明君贤将,能以上智[1]**为间者,必成大功**。

【注释】①上智:最有智谋的人。

【译文】所以明智的国君、贤能的将帅能用极有智谋的人做间谍,一定能成就大的功业。

✲ 要义

(一)知敌之情——军事行动的依据

获取准确、可靠的情报,是军事行动获得成功的先决条件。孙子主张战争必须"知彼知己",而"用间"就是做到"知彼"的必要手段。间谍使用得当,不仅能准确获知敌方军情,还能迷惑对方,使其做出错误判断,达到事半功倍的效果。"用间"无疑是一场躲在硝烟背后的战争。如果君主因为吝啬"爵禄百金"而不使用间谍,使军队在"不知敌之情"的情况下与敌人作战,那就是置国家命运与士兵生命于不顾。这样的君主是不负责任的。值得一提的是,对情报来源的手段,孙子也做出了科学唯物的论述,他否定了利用迷信、占卜等手段获取敌情的方法,而主张"必取于人"。

(二)"用间有五"——根据需要灵活使用

关于间谍的种类,孙子主要总结了5种类型:"因间"("乡间")"内间""反间""死间""生间"。其中,"因间"是指利用敌国乡里的普通人做间谍;"内间"是指充分利用敌人的内部矛盾,收买敌国的官吏做间谍;“反间”是指收买或利用敌方派来的间谍为我效力;“死间”是指故意散布虚假情况,让我方间谍知道而传给敌方,即设下陷阱,引诱敌人上当受骗,但是敌人上当后,我方间谍通常难免一死,故称死间;“生间”是指派往敌方侦察后,能及时安全返回报告敌情的间谍。5种间谍既可以单独使用,又可以共同使用。如果各种手段实现互相配合,那么就是用间的最高境界,是国君克敌制胜的法宝。在5种手段中,孙子认为最中心的是“反间”,“五间之事,主必知之,知之必在于反间”,“反间”处于主导地位,所以“反间”也必须给予优厚的待遇。

(三)亲抚、厚遇、严密——“用间”的原则

在间谍使用方面,孙子提到“莫亲于间”“赏莫厚于间”“事莫密于间”。“莫亲于间”,指在亲抚问题上,要对间谍宽厚仁慈,要与其坦诚相待,动之以情,感化间谍。“非仁义不能使间”,指把仁义作为“用间”的政治和感情基础,使间谍为报答知遇之恩而对国君忠心不二。“赏莫厚于间”,指在奖赏问题上,要给予间谍丰厚的物质奖励。间谍工作的复杂性和危险性,决定了对间谍要不惜“爵禄百金”。“事莫密于间”,指在机密问题上,要严格控制消息,包括使用间谍的消息和间谍获取的消息,决不能使敌方了解我方用间规律,更不能让间谍掌握的消息泄露。

(四)“以上智为间”——“用间”取胜的要求

“唯明君贤将,能以上智为间者,必成大功。”孙子指出明智的

国君、贤能的将帅，如果能用极有智谋的人做间谍，一定能成就大的功业。这告诉我们，"用间"不仅是胆识的比拼，更是一场智慧的较量。这种高危险、高难度的任务，非集胆量和智慧于一身的人是很难圆满完成任务的，因此必须尽可能地挑选心理素质强、胆识过人、智谋超群的人为间谍。

❊ 思考

（一）根据孙子对间谍的介绍，你认为间谍最应具备的素质是什么？

（二）除了孙子提及的几位著名间谍，你还知道历史上哪些有名的间谍？他们又有着怎样惊心动魄的故事？

❊ 延伸阅读

李牧之死

李牧，战国末期赵国名将，他是当时赵国赖以支撑危局的唯一良将，以至于时人称"李牧死，赵国亡"。

公元前229年，赵国由于连年战争，再加北部代地（今河北蔚县东北）地震，大面积饥荒，国力已相当衰弱。秦王嬴政乘机派大将王翦率主力直下井陉（今河北井陉），杨端和率河内兵卒，共领兵几十万进围赵都邯郸（今河北邯郸）。赵王迁任命李牧为大将军、司马尚为副将，倾全军抵抗秦军。

秦将王翦知道李牧不除，秦军在战场上不能速胜，遂禀告秦王，建议行反间计。于是秦国派奸细入赵国都城邯郸，用重金收买了赵王迁的近臣郭开，让郭开散布谣言，说李牧、司马尚勾结秦军，准备背叛赵国。昏聩的赵王迁一听到这些谣言，竟然不加调查证实，立即委派宗室赵葱和齐国投奔过来的颜聚去取代李牧和司马尚。一直信守"将在外，君命有所不受"，重视独立行事权的李牧接到这道命令后，为社稷和军民考虑决定不服从命令。赵王暗中布置圈套，捕获李牧并斩杀了他，司马尚则被废弃不用。临阵换将的赵军军心动摇，人心不稳。

公元前228年，王翦乘势急攻，大败赵军，平定东阳地区（今河北邢台），赵葱战死，颜聚逃亡。秦军攻下邯郸后，俘赵王迁及颜聚，赵国公子嘉逃亡到代地称王。公元前222年，秦灭代，俘虏公子嘉，赵国最终灭亡。

李牧作为赵国后期的一代名将，北御匈奴，屡挫秦军，深得士兵和人民的爱戴，有着崇高的威望，无疑是保障赵国国家安全的国之柱石。然而，赵国君臣不辨忠奸，战前听信间谍散布的谣言，竟然枉杀忠良，最终为此付出了惨痛的代价，葬送了整个国家。相反，秦军妙用离间计，派遣间谍以重金收买赵国奸臣郭开，将其收买为己方的"内间"，成功地挑拨了赵王与李牧的矛盾，除掉了李牧，从而为秦国吞并赵国奠定了基础。

龙潭三杰

钱壮飞、李克农、胡底被周恩来誉为“龙潭三杰”。土地革命时期，钱壮飞在南京担任要职，李克农留守上海主持工作，胡底去天津担任长城通讯社社长，每当南京、天津方面有紧急情报，钱壮飞和胡底就立即报告给在上海的李克农，由李克农通过陈赓及时转报中共中央，从而形成遥相呼应的“铁三角”谍报网。

1931 年 4 月，中共中央特科负责人顾顺章被捕叛变，国民党武汉行营主任何成浚和特务机关连续向蒋介石、徐恩曾发出顾顺章叛变的电报，但均被钱壮飞截获。截获后，钱壮飞立即使用暗语给胡底发了一个电报：“胡底，克潮病笃。”这是他们事先约定的暗号：“克”指李克农；“潮”指钱壮飞；“病笃”意即事态严重，必须立即采取行动。接到电报后，胡底马上乘坐外国轮船离开天津。与此同时，收到警报的周恩来、陈云等领导采取紧急措施，才使得中共中央领导人、中共江苏省委以及共产国际在沪机关全部迅速、安全地转移，使党组织避免了一场特大灾难，对保卫设在上海的中共中央机关的安全做出了重大贡献。

试想当时如若没有得到这一关键情报，那么后果必将十分严重。孙子曰：“能以上智为间者，必成大功。”“龙潭三杰”潜伏在国民党中，刺探情报，临危不乱，立场坚定，在危难时刻及时向党组织提供情报，为党的事业贡献了力量。

✼ 原文

孙子曰：凡兴师十万，出征千里，百姓之费，公家之奉，日费千金；内外骚动，怠于道路，不得操事者，七十万家。相守数年，以争一日之胜，而爱爵禄百金，不知敌之情者，不仁之至也，非人之将也，非主之佐也，非胜之主也。

故明君贤将，所以动而胜人，成功出于众者，先知也。先知者，不可取于鬼神，不可象于事，不可验于度，必取于人，知敌之情者也。

故用间有五：有因间，有内间，有反间，有死间，有生间。五间俱起，莫知其道，是谓神纪，人君之宝也。乡间者，因其乡人而用之。内间者，因其官人而用之。反间者，因其敌间而用之。死间者，为诳事于外，令吾间知之，而传于敌间也。生间者，反报也。

故三军之事，莫亲于间，赏莫厚于间，事莫密于间，非圣智不能用间，非仁义不能使间，非微妙不能得间之实。微哉！微哉！无所不用间也。间事未发而先闻者，间与所告者皆死。

凡军之所欲击，城之所欲攻，人之所欲杀，必先知其守将、左右、谒者、门者、舍人之姓名,令吾间必索知之。

必索敌人之间来间我者,因而利之,导而舍之,故反间可得而用也。因是而知之,故乡间、内间可得而使也。因是而知之,故死间为诳事,可使告敌。因是而知之,故生间可使如期。五间之事,主必知之,知之必在于反间,故反间不可不厚也。

昔殷之兴也,伊挚在夏;周之兴也,吕牙在殷。故唯明君贤将,能以上智为间者,必成大功。此兵之要,三军之所恃而动也。

□ 译文

孙子说:凡兴兵十万,千里征战,百姓的耗费,国家的开支,每天要花费千金;国内外动荡不安,民众服徭役,疲惫于道路,不能从事正常生产的有七十万家。战争双方相持数年,是为了夺取最后一天的胜利,如果吝啬爵禄和金钱,不重用间谍,以致不能了解敌人情况而遭受失败,那就太“不仁”了。这样的将帅,不是军队的好将帅,不是国君的好助手;这样的国君,不是能打胜仗的好国君。

所以,明智的国君、贤能的将帅之所以一出兵就能战胜敌人,功业超过众人,是因为能够预先查明敌情。要事先了解敌情,不可求神问鬼,不可用象数占卜的办法去求知敌情,也不可用日月星辰运行的度数去验证吉凶祸福,一定要取之于人,从那些熟悉敌情的人的口中去获取。

所以间谍的运用有五种,即“因间”“内间”“反间”“死间”“生间”。五种间谍同时都使用起来,使敌人无从应付,这是使用间谍神秘莫测的道理,是国君制胜敌人的法宝。所谓“因间”(“乡间”),是指利用敌国乡里的普通人做间谍。所谓“内间”,是指收买敌国的官吏做间谍。所谓“反间”,是指收买或利用敌方派来的间谍为我效力。所谓“死间”,是指故意向外散布虚假情况,让潜入敌方的我方间谍知道而传给敌方的间谍,敌人上当后往往将其处死。所谓“生间”,是指派往敌方侦察后能活着回报敌情的。

所以在军队中,没有比间谍更亲信的人,得到的赏赐没有比间谍更优厚的人,没有比使用间谍更为秘密的军事机务了。不是才智过人的将帅不能使用间谍;不是仁慈慷慨的将帅不能使用间谍;不是用心精细、手段巧妙的将帅不能取得间谍的真实情报。微妙啊！微妙啊！真是无处不可使用间谍呀！用间的计谋尚未施行,就被泄露出去,间谍和泄露机密的人都要处死。

凡是要攻击敌方的军队,要攻占敌人的城邑,要刺杀敌方的人员,必须预先了解那些守城将帅、左右亲信、掌管传达和通报的官员、负责守门的官吏以及门客幕僚的姓名,命令我方间谍一定要将这些情况侦察清楚。

必须搜索出敌方派来侦察我方的间谍，以便依据情况进行重金收买、优礼款待，要经过引导交给任务，然后放他回去，这样，“反间”就可以为我所用了。从“反间”那里得知敌人情况之后，所以“乡间”“内间”就可得以使用了。通过“反间”了解敌人的情况，就能使“死间”将虚假情况散布给敌人。通过“反间”了解敌人的情况，就能使“生间”遵照预定的期限，回来报告敌情。五种间谍使用之事，国君都必须懂得，其中的关键在于会用“反间”。所以，对“反间”不可不给予优厚的待遇。

从前，商朝的兴起，是由于重用了在夏为臣的伊尹；周朝的兴起，是由于重用了在殷为官的姜子牙。所以明智的国君、贤能的将帅能用极有智谋的人做间谍，一定能成就大的功业。这是用兵作战的关键，整个军队都要依靠间谍提供的情报来采取军事行动。

先秦时期的战船使用及武器装备简介

据史籍记载，商朝末年，周武王伐纣时已使用木板船运兵。公元前559年，楚康王开始建造战船，创建水师。《左传·襄公二十四年》记载，公元前549年夏，“楚子为舟师以伐吴”。这是史籍中记载的第一次水战。史籍中记载的第一次海战，是《史记·吴太伯世家》所载，公元前488年，吴王夫差率舟师“从海上攻齐，齐人败吴，吴王乃引兵归”。

当时战船上的武器装备，除了文献记载的长钩、矛、斧、弩、甲、兜鍪、钩拒，还可从几件出土的战国早期水战图像中看出舟师战士装备的兵器。

图1　战国《宴乐渔猎攻战纹壶》纹

迄今为止，已经发现的战国早期的水战图像都铸于铜鉴和钢壶上，共有4件。其中山彪镇铜鉴的图像最为完备清晰，所画相对而驶的两艘战船上，显示了水军所用的武器装备：用于射远的号箭；用于格斗的长柄矛戟，柄长达到人身高的2倍，至少长3.3～3.5米；战斗兵员和水手都佩有青铜剑。旗帜树立于船头，金鼓设在船尾，它们大抵与同时期战车上装备相同，说明当时战船沿用战车的装备，舟师水战时也沿用车战的战术。

先秦主要战争述略

秦灭楚之战

公元前 225 年，秦王嬴政在攻灭魏国之后，马上部署灭楚的军事行动，揭开了秦灭楚之战的序幕。

秦灭楚之战前后经历了两次大的战争。

公元前 225 年，嬴政派李信和蒙武率军 20 万，分两路攻打楚国。李信率一军进攻平舆（今河南平舆西北），蒙武率一军攻打寝（今河南固始）。两路大军都很顺利地击败了楚军，会师于城父（今安徽亳州东南）。楚王派项燕率军抵挡秦军。李信和蒙武率军轻敌冒进。项燕领军尾随其后三天三夜，待秦军疲惫时，突然发动袭击，攻破秦军营垒两座，杀死 7 名秦军都尉，大败秦军。李信和蒙武带着残兵逃回了秦国。秦国第一次伐楚以失败告终。

第一次伐楚失败后，秦王嬴政亲自去老将王翦的家中，请王翦出马。王翦提出一定要调集 60 万大军，他才答应出征。秦王答应了王翦，调拨 60 万军队归其指挥。公元前 224 年，王翦和蒙武率领 60 万大军再次伐楚。楚王征调全国兵力，由项燕统率，试图借之前大败秦军的锐气，一鼓作气，再次击败秦军。王翦采取了坚壁自守、避免决战、养精蓄锐、伺机出击的作战方针。楚军多次挑战，王翦终不肯出。双方相持很长一段时间后，楚军求战不得，斗志日渐松懈，项燕只好率军东撤。王翦抓住战机，以精兵追击楚军，不给楚军喘息之机，在蕲（今安徽宿州东南）大败楚军，项燕兵败身亡。楚军四散溃逃，王翦和蒙武率军乘胜追击，向楚国纵深攻去，一举攻破楚国都城寿春（今安徽寿县），俘虏楚王，楚国灭亡。之后，王翦又进军江南，攻占了楚国全部土地。

❋ 孙子兵法在国内外的影响与应用

在中国历史上，有 4 部对中国文化影响深远的经典著作，它们是《易经》《道德经》《论语》与《孙子兵法》。《孙子兵法》作为一部兵书，能够产生如此巨大的影响，成为中华民族文化的元典之作，这在中国乃至世界历史上都是绝无仅有的。

2000 多年过去了，《孙子兵法》非但没有因岁月的流逝失去光泽，相反在世界范围内受到更加广泛的关注与重视，并在诸多领域发挥着积极的作用。

《孙子兵法》的影响是多层面的。后世的兵家在战争实践中将其奉为圭臬，成功地导演了一幕幕战争活剧。就兵学的发展来说，明代茅元仪有过这样的评价："前《孙子》者，《孙子》不遗；后《孙子》者，不能遗《孙子》。"意思是对于前人优秀的兵学成果，孙子都充分地继承了下来，并形成了自己的军事理论体系；而后世谈兵者也不能离开这一体系而另搞一套。后世谈兵者，皆以孙子为宗，对《孙子兵法》进行注释、校勘、通解者历代均不乏其人。据不完全统计，凡留下姓氏的注家便达 200 余家，存世著作达 400 多部。可以说，对《孙子兵法》的运用与研究与中国传统兵学的发展是相伴始终的。孙子被尊为"兵学鼻祖"，《孙子兵法》被誉为

“兵经”，原因就在这里。

现实是历史的延续。产生于春秋末期的《孙子兵法》对于现代战争依然具有重要的指导意义。从毛泽东的十大军事原则、积极防御理论到我军现行的战略方针、作战条令，乃至于习近平总书记提出的“人类命运共同体”的倡议，都无不留有孙子思想的深刻印记。

《孙子兵法》不仅对中国兵学影响深远，而且“走出国界”，引起了世界范围内的广泛关注。早在盛唐时期，《孙子兵法》便传入日本和朝鲜，并在日本掀起了一场研究热潮；之后又传入越南等国，并出现了不少注疏之作。1772 年，法国神父阿米奥特将《孙子兵法》译成法文在巴黎出版，开始了其在欧洲的传播。随后又于 20 世纪初出现了英文本与德文本……据不完全统计，现在已经有约50 种文字的《孙子兵法》在世界范围内广泛传播。

第二次世界大战后，西方一些有识之士开始运用以孙子为代表的中国传统兵学思想来反思西方传统的绝对战争理念。从利德尔·哈特的《战略论》到柯林斯的《大战略》和布热津斯基的《运筹帷幄》，都可以明显看到《孙子兵法》影响的痕迹。

《孙子兵法》是一部兵书，但它的影响远不止于军事领域。早在战国时期，便有白圭成功运用兵法经商并获得巨大成功的例子。

相传唐代围棋国手王积薪撰写的《围棋十诀》，便留有明显的借鉴孙子思想的痕迹；而北宋的《棋经十三篇》，则是仿孙子十三篇而成的围棋理论著作。在医学领域，最早借鉴孙子思想的是《黄帝内经》，其《灵枢》篇便有“无迎逢逢之气，无击堂堂之阵”的话，这显示是从《军争篇》演化而来的。清代名医徐大椿所著《用兵如用药论》，将战术类比医术，提出了10种用药治病的办法，并感慨地说：“孙武子十三篇，治病之法尽之矣！”

20世纪下半叶开始，《孙子兵法》在非军事领域的研究出现了高潮。50年代，日本出现了兵法经营管理学派，在世界范围内掀起了孙子在经济领域研究和应用的热潮。此外，人们还从哲学、体育竞技、系统科学、决策学、心理学、语言学、预测学、行为科学等角度来研究《孙子兵法》，也取得了相当丰硕的成果。

作为一部兵书，《孙子兵法》为什么会产生如此巨大的影响呢？概要言之，因为它是一部舍事而言理的著作，将军事领域中的具体原则高度提炼，上升到哲学层面，从而具有了普遍的指导意义。经过数千年的时间，孙子的思想已经成为一种文化积淀，深深地影响着人们的行为与思维，不管你是否认识到了这一点，这种深远的影响是中国乃至世界历史上其他兵书都难以企及的。

❋ 古今中外名人评孙子

【尉缭子评孙子】 有提十万之众而天下莫当者,谁?曰桓公也。有提七万之众而天下莫当者,谁?曰吴起也。有提三万之众,而天下莫当者谁?曰:武子是也。

——引自《尉缭子·制谈》

【司马迁评孙子】 自是之后,名士迭兴,晋用咎犯,而齐用王子,吴用孙武,申明军约,赏罚必信,卒伯诸侯,兼列邦土,虽不及三代之诰誓,然身宠君尊,当世显扬,可不谓荣焉?岂与世儒暗于大较,不权轻重,猥云德化,不当用兵,大至君辱失守,小乃侵犯削弱,遂执不移等哉!

——引自《史记·律书》

【曹操评孙子】 吾观兵书战策多矣,孙武所著深矣!……审计重举,明画深图,不可相诬。

——引自《孙子十家注·孙子序》

【刘勰评孙子】 孙武兵经,辞如珠玉,岂以习武而不晓文也!

——引自《文心雕龙·程器》

【李世民评孙子】 朕观诸兵书，无出孙武；孙武十三篇，无出虚实。夫用兵识虚实之势，则无不胜焉。

——引自《唐太宗李卫公问对》

【王安石评孙子】 神宗论孙武书，爱其文辞、意指。王安石曰："言理而不言事，所以文约而所该者博。"上论及韩信，安石曰："信但用孙武一二言，即能成功名。"

——引自《涧泉日记》

【苏轼评孙子】 古之善言兵者，无出于孙子矣。利害之相权，奇正之相生，战守攻围之法，盖以百数，虽欲加之而不知所以加之矣。然其所短者，智有余而未知其所以用智，此岂非其所大阙欤？

——引自《苏轼文集·卷三·孙武论》

【戚继光评孙子】 孙武子兵法，文义兼美，虽圣贤用兵，无过于此。非不善也，而终不列之儒。设圣贤其人，用孙武之法，武经即圣贤之作用矣。苟读六经，诵服圣贤，而行则狙诈，六经即孙武矣。顾在用之者，其人如何耳。

——引自《止止堂集·愚愚稿》

【李贽评孙子】 吾独恨其不以《七书》与《六经》合而为一，以教天下万世也。故因读《孙武子》，而以魏武之注为精当，又参考六书以尽其变，而复论著于各篇之后焉。感叹深矣。

——引自《孙子参同·自序》

【茅元仪评孙子】 先秦之言兵者六家，前《孙子》者，《孙子》不遗；后《孙子》者，不能遗《孙子》。谓五家为《孙子》注疏可也。

——引自《武备志·兵诀评·序》

【孙中山评孙子】就中国历史来考究，二千多年前的兵书有十三篇，那十三篇兵书便是解释当时的战理。由于那十三篇兵书，便成立中国的军事哲学。

——引自《孙中山选集》

【毛泽东评孙子】中国古代大军事学家孙武子书上“知彼知己，百战不殆”这句话，是包括学习和使用两个阶段而说的，包括从认识客观实际中的发展规律，并按照这些规律去决定自己行动克服当前敌人而说的；我们不要看轻这句话。

——引自《中国革命战争的战略问题》

【刘伯承评孙子】《孙子兵法》这部兵书，是研究指导战争最普遍规律的著作。正兵和奇兵，是辩证的统一，是为将者必须掌握的重要法则。奇中有正，正中有奇，奇正相生，变化无穷。

——引自《孙子兵法概论》

【郭化若评孙子】它在战略上，提出了许多杰出的命题，在哲学上表露出不少古代朴素的唯物辩证法思想，相当广泛地揭示了一般战争的客观规律，成为古代军事学术史上的一颗明珠。

——引自《孙子兵法译注·前言》

【习近平评孙子】中华文明历来崇尚“以和邦国”“和而不同”“以和为贵”。中国《孙子兵法》是一部著名兵书，但其第一句话就讲：“兵者，国之大事，死生之地，存亡之道，不可不察也。”其要义是慎战、不战。几千年来，和平融入了中华民族的血脉中，刻进了中国人民的基因里。

——引自2017年1月18日，在联合国日内瓦总部的演讲

【尼克松评孙子】中国战略家孙子早在公元前5世纪就写道："上兵伐谋，其次伐交，其次伐兵，其下攻城。攻城之法为不得已。"……2000多年前，中国古代战略家就确定了这一原则：以正合，以奇胜。"正"即平常的、直接的力量；"奇"乃异常的、间接的力量。他的真知灼见是二者相互补充，相得益彰；而同时运用二者乃是制胜之道。

——引自尼克松《真正的战争》

【杜勒斯评孙子】在《用间篇》中，孙子阐述了公元前5世纪中国人所采用过的谍报的基本做法，其中很大一部分今天仍在运用。……孙子所获得的声望，不仅归功于他首次卓越地分析了谍报的方式，而且还归功于他第一个就有组织的情报事业提出了书面建议。他指出谍报高手能使"五间俱起"，并且将此称之为"神纪"，就如同一张"纲举目张"的渔网一样。孙子的贡献还远不止于此，他论述了反间谍、心理战、欺骗术、安全、假情报制造者。总之论述了整个情报术。

——引自艾伦·杜勒斯《情报术》

【里根评孙子】2500年前，中国的哲学家孙子说："是故百战百胜，非善之善者也；不战而屈人之兵，善之善者也。"真正成功的军

队是这样一支军队：由于其力量、能力和忠诚，它将不是用来打仗的一般军队，因为谁都不敢向它寻衅。

——引自杰伊·谢弗里茨《关于战争的言论》

【利德尔·哈特评孙子】《孙子兵法》是世界上最早的军事名作，其内容之博大，论述之精深，后世无出其右者。可以说，《孙子兵法》是有关战争指导的智慧之结晶。历数古往今来的军事思想家，只有克劳塞维茨堪与孙子伦比；然而他的著作时代局限性大，而且有一部分已经过时，尽管他是在孙子之后2000多年写的。相比之下，孙子的文章讲得更透彻、更深刻，永远给人以新鲜感。……第二次世界大战期间，中国武官——蒋介石的一名学生数次来见我。他对我说，我和富勒将军的著作是中国军事院校的主要教材。我听后问他："《孙子兵法》呢？"他回答说，《孙子兵法》虽被奉为经典，但大多数年轻军官认为它已经过时，在机械化武器时代不再有多大研究价值。我说，他们现在应当就教于孙子，因为在《孙子兵法》这本篇幅不长的书中把我20多部书中所涉及的战略和战术基本原则几乎包罗无遗。总之，《孙子兵法》是研究战争的最佳入门捷径，又是深入全面地研究战争问题时经常要参考的宝贵的材料。

——引自塞缪尔·格里菲思《孙子兵法》英译本序言

【克拉维尔评孙子】2500年前，孙子写下了这部在中国历史上奇绝非凡的著作。……我从内心里感到，如果我们的近代军政领导人研究过这部天才的著作，越南战争就不会是那种打法；朝鲜战争就不会失败（当时我们没打胜就算是失败）；猪湾登陆就不会发生；伊朗人质问题上的丢脸事件不会出现；大英帝国也不会解体；很可能第一次和第二次世界大战可以避免——至少可以肯定不会那样进行作战，从而被那些自称为将军的魔鬼们愚蠢地、无谓地断送掉生命的几百万青年就会正常地走完他们人生的路程。……我真诚地希望你们爱读这部书。《孙子兵法》很值得一读。我希望，《孙子兵法》成为自由世界里所有的现役官兵，所有的政治家和政府工作人员，所有的高中和大学学生的必读材料。如果我成为总司令、总统或总理，我还要前进一步：我要用法律的形式规定下来，对全体军官，特别是全体将军，每年进行两次《孙子兵法》十三篇的考试，一次口试和一次笔试，及格分数是95分。任何一位将军如果考不及格，立即自动免职并不许上诉，其他军官一律降级使用。我强烈地认为，《孙子兵法》对我们的生存至关重要；它能提供我们所需要的保护，看着我们的孩子和平茁壮地成长。永远记住，从古时起，人们就知道：战争的真正目的是和平。

——引自克拉维尔重印贾尔斯版英译本前言

编后记

为了更好地推动孙子文化的传承和教育工作，滨州市政协相关部门与滨州经济技术开发区教育局、滨州市阅读协会共同启动了“孙子文化进校园活动”，同时组织了以青少年普及教育为目的的《孙子兵法导读》编写工作。历经两年多的时间，《孙子兵法导读》编写组的同志们精心确定体例、篇目，反复修订内容，几易其稿，终于完成了本书的编写任务。

在本书的编审过程中，军事科学院原中国历代战略研究室主任、博士生导师、中国孙子兵法研究会高级顾问吴如嵩研究员给予了极大的鼓励与支持。吴如嵩研究员亲自审阅稿件并作序题签，肯定了本书“编写目的定位准确，学术态度严谨，解读深入浅出”的青少年读本特色。滨州市政协有关方面负责同志和滨州经济技术开发区教育局的相关同志积极协调各方资源，组成精干的编写班子。滨州孙子研究院赵海军博士、滨州孙子研究会秘书处刘福英秘书长担纲主编，从教师培训、确定体例大纲、制订编写结构到撰稿，做了很多工作。参加撰稿的老师们认真学习、研究《孙子兵法》，从教学角度展开并完成了十三篇的撰稿。滨州市政协主席张兆宏同志认真审阅书稿，提出严把政治、学术关的要求及相关意见。张有凤博士与诸葛瑞强博士负责最后的编辑统稿、增删校对工作，确保了本书作为学术教材的严谨与严肃性。彭飞、张旋、李宁、李录科、周国辉、王文新等同志做了大量工作。

这本孙子文化普及读物的出版，是所有参与及关心支持《孙子兵法导读》编写工作同志们的共同劳动成果。由于这是一项探索性工作，加之我们经验、水平不足及资料所限，可能会存在疏漏、不足或谬误之处，敬请有关专家和读者不吝赐教，予以指正。

编　者

2021 年 7 月